The Arcturian Anthology

Tom Kenyon & Judi Sion

アルクトゥルス人より地球人へ

天の川銀河を守る高次元存在たちからのメッセージ

トム・ケニオン＆ジュディ・シオン 著

紫上はとる 訳

ナチュラルスピリット

THE ARCTURIAN ANTHOLOGY
by Tom Kenyon & Judi Sion

マグダラのマリアにささげる

あなたが住んでいるのは、想像を絶するほど広大で、複雑で、神秘的で、
しかも突拍子もない宇宙なのです。

エクタラ

鞍馬寺写真集

撮影・解説：ジュディ・シオン

©Judi Sion

鞍馬寺の幾何学パターン
——本殿金堂　正面の金剛床

サナート・クマラによれば、石でできたこの幾何学パターンは彼の宇宙船が鞍馬山に降り立ったとき（実際の着地点はここことは別の場所）の複雑な高調波《ハーモニクス》を図象化したものである。

迷路のような形状の中にある多様な図形は、旋回して絡みあう光のパターンを模したもので、宇宙船から発生するパルスの多次元的エネルギー場を表現している。

この幾何学パターンは、一種の曼荼羅《まんだら》あるいは瞑想の意識の焦点としても使うことができる。本書付録CDの「ナクラ瞑想」を聴きながらこの曼荼羅を眺めていると、興味深い分野の情報が明らかになるかもしれない。

訳注／鞍馬寺ではサナート・クマラは護法魔王尊と呼ばれ、毘沙門天、千手観音とともに三本尊とされている。

©Judi Sion

鞍馬寺 奥の院 魔王殿の本殿（小堂）

鞍馬山は仏教と神道の両方において霊山として神聖視されている。写真の小堂は、鞍馬山のうら手にある奥の院（魔王殿）の本殿である。まさにこの場所こそ、サナート・クマラが降り立ち、飛び立った地点だ。この小堂は非公開だが、手前にあるもう少し大きい拝殿からサナート・クマラ（護法魔王尊）を参拝することができ、法会や供養もそちらで執り行われる。

この場所には、鞍馬寺の本堂から山の背面を下っていかなければならない。鞍馬山は高木が多く、木の根が複雑によじれたり絡まったりしながら地表に張り出しているため、山道はとても歩きづらい。地面が固すぎて、根は地中に伸びることができないのだ。

鞍馬寺は千三百年以上も前に建立され、そのあと焼失と再建をいく度もくり返している。

一九〇〇年代のはじめ、鞍馬山の頂上に近い大杉権現と呼ばれる一帯の御神木のそばで、臼井《うすい》甕男《みかお》が断食瞑想をしていたところ、二十一日目にレイキ（臼井霊気療法）の技を授かったという。私たちがサナート・クマラに、このレイキの伝授に関係していたのかどうか訊ねてみると、レイキはアルクトゥルスのヒーリング法であり、彼自身がそれを瞑想中の臼井氏に伝授したということだった。

著者注／サナート・クマラの何百万年にもおよぶ地球と天の川銀河の守護に対し、深い敬意を表わす意味で、本書の表紙（裏）に彼の宇宙船の絵を、巻末に小堂のイラストを掲載した。彼の使命への一意専心は、ほどなく彼自身の心の希求と調和することになるだろう。

サナート・クマラの宇宙船

——金剛寿命院　瑞風庭の白砂盛

トムと私は二〇〇一年に世界を旅してまわり、日本でトムのワークショップを開いた。それから私たちは京都に行き、鞍馬山をたずねた。京都はあらゆる宗派の神社仏閣がいたるところに建ちならぶ、驚くべき都市である。

鞍馬山は京都の市街地から七・五キロほど北に位置し、仏教の一宗派の総本山であるとともに、神道の聖地でもある。そこでは、今から約六百万年ほど昔にサナート・クマラ（護法魔王尊）が宇宙船に乗って降り立ったと伝えられている。

この写真は砂でできた造形オブジェで、サナート・クマラの宇宙船をかたどったものという銘文が添えられている。そこには、彼が約六百万年前に金星からこのような乗り物で鞍馬の地に着陸したことが記されている（サナート・クマラが私たちに語ったところによると、正しくは六百万年前でなく、一千万年前だったという）。

訳注／瑞風庭は、護法魔王尊が人類救済のために金星から降臨するときの様子を形象化したという枯山水の庭園で、この白砂盛は魔王尊の乗り物「天車」を表わしている。

アルクトゥルス人より地球人へ＊もくじ

今この時期に地球に生きているあなたがたは、変遷する世界の証人であり、ある意味では共同創造者でもあるのです。

サナート・クマラ

アルクトゥルス人より地球人へ

天の川銀河を守る
高次元存在たちからのメッセージ

トム・ケニオン

序文　アルクトゥルス人との出会い

これから読んでいただくのは、まさしくこの世を超えたストーリーです。それは文字通り地球外の存在との遭遇であり……そう、まるでＳＦ小説のような、異次元の住人たちとのあいだに起こった奇想天外な話なのです。

もちろん、これをフィクションと見なす人もいれば、事実と見なす人もいるでしょう。ものごとの知覚とは、知覚者がどうとらえるかによってすべて相対的なものです。

私自身、客観的事実を重んじる人間として、自分がまたしてもチャネリングによるメッセージの書物に序文を書いていること自体、じつにおかしな気分です。

個人的な好みから言えば、私はむしろ科学的研究や論理的分析といった確実な世界のほうに惹かれます。そのような情報は客観的に確かめることができるからです。そこではあらゆることが、そうであるか、そうでないかのどちらかで、曖昧な中間ゾーンはありません——もちろん量子物理学のような、いささか不確実で予測困難なものを除いてですが。

チャネリングされた情報は、ほかの種類の情報と違い、ときによって客観的に検証できることもあれば、検証できないこともあります。そのすべては、そこで論じられている情報の種類によって決まってくるのです。

この本には、アルクトゥルス人と呼ばれる超銀河の旅人たちが登場します。彼らの存在を客観的に証明することはどれだけ頑張ってみても無理でしょう。

ここでは、私が彼らとどのようにして出会ったかを簡単に述べたいと思います。ただし、私自身が疑いから受容へと変わっていったこの経緯をお話しする前に、ぜひとも読者の皆さんにお勧めしたいことがあります。それは、いつもあなたのかたわらに「架空の箱」を置いておく、ということです。

「架空の箱」というのは、事実と見なすにはあまりにも荒唐無稽だとか胡散臭いと思われるものごとを区別し、いったん棚上げしておくための思考の装置です。これはすべてにおいて必要不可欠なことだと私は考えています。特に変性意識が関わってくる場合、誰かに真実だと言われたから、あるいはそれが本当だと信じられるからというだけで、やすやすと鵜呑みにしてしまわないよう気をつけなければなりません。

ですから私が言ったことであれ、アルクトゥルス人が言ったことであれ、あなたにとって納得できないことがあれば、それは「架空の箱」に入れておいてほしいのです。すぐ真に受けるのではなく、あなたの理性、あなた自身の経験、そして何よりあなたの価値観といった篩《ふるい》にかけて吟味してみてください。

ほかの本でも言いましたが、ものごとをよく咀嚼《そしゃく》せずに飲み込んでしまうと知的消化不良とでもいうべき状態になりかねず、この手の消化不良には胃薬も効きませんから。

それでは、「架空の箱」を小脇にかかえて、この銀河の大迷宮に踏み入っていきましょう。

私がはじめて別の世界からやって来たこの存在たちに遭遇したのは、南仏ラングドック地方のビュガラッシュ山という神秘的な山がのぞめる土地でした。

気乗りのしないコンタクト

その日、南フランスのピレネー地方では、横なぐりの風が吹きすさんでいました。私が山道をゆっくり登りはじめたときから、すでに谷には厚い雲が垂れこめていました。

渓谷のこの斜面には頂上につながる登山道がいくつも走っており、たびたび私はこの付近にハイキングに来ていたのです。頂上からの眺めは息をのむような絶景で、そこに立つとなんともすばらしい高揚感が味わえるのでした。しかし山中の曲がりくねった道はまるで迷路のようで、下る途中に何時間かさまよってしまうこともしばしばありました。

この日もすでに午後の遅い時刻になっており、私は登山道の入り口めざして下山しはじめました。太陽は厚い雲に覆われ、すっかり姿を隠していました。途中、地面から大きな岩が露出していたので、岩に腰をおろして一息つきました。目の前には広大な風景が開けています。谷をはさんだはるか遠くには、暗い雲の合間からビュガラッシュ山が顔を出していました。耳もとでごうごうと風がうなり、谷底を見下ろすと霧が切れ切れに吹き流されていきます。

あたりの景観にすっかり心をうばわれていた私は、ふと目の前に強い気配を感じ、われに返りました。肉眼には見えなくても、ある存在の印象が強烈に伝わってきたのです。そしてなぜかはわかりませんが、それがアルクトゥルス人だということが、ただわかったのです。

私は彼に、どこから来たのかと訊ねました。

すると彼はアルクトゥルスの宇宙船からやって来たと答え、宇宙船は今はビュガラッシュ山の中に停泊しているのだと言って、谷の向こうに見える山影を指したのです。

彼の話は私の頭の中で聞こえました。聞こえるといっても、視覚と同じで肉体の聴覚器官で聞こえるわけではなく、じかに彼の話が伝わってくるのです。はげしい風の音にかき消されるどころか、彼の最初の言葉は、声で話されるよりはるかに深く切迫した響きを伴っていました。

「あなたに変化の風が吹いています」

その漠然としたものの言い方に、私は少々むっとして聞き返しました。

「だから何だって言うんです?」

「あなたと、あなたの世界が変容しつつあるのです」彼はこともなげに答えました。

私はいっそうむかつきました。

ここで読者のために少し補足しておくべきでしょう。その頃の私は、肉体のないさまざまな存在たちとの接触を数知れず経験し、そのことで精神的な窮地に陥っていたのです。天使、地球の守護者、自然界の精霊、ハトホルのような次元を超えた存在、そのうえ今度はどうやら異星人らしい……このような(異なった知覚世界からの）存在たちはみな比喩的で漠然とした話し方をする傾向があり、その言葉にはたいていい切迫した重大な調子がつきまとっていました。こうした超人的な感覚で伝えられる典型的な口調に、私はいささか閉口させられていたのです。あまりにも多種多様な異次元の存在と、あまりにも数多く遭遇した結果、この種の宇宙意識による比喩的な話は、少なくとも当時の私にとっては紋切り型の陳腐なものにしか聞こえず、不信感がつのる一方でした。

さて、そのアルクトゥルス人は、私の苛立ちをよそに話しつづけました。私の人生や「使命」について具体的なことを語るのです。彼のタイミングは最悪だったと言えるでしょう。私はこのとき思考の泥沼で立ち往生し、あらゆることに懐疑的だったからです。彼が語りかけてくることに、私の一部ではたしかに真実を感じとっていたのですが、残りの大部分の私は、いわゆる「使命」などという概念も、その具体的な内容もいまいましく感じられるばかりでした。そのとき告げられた私の使命の中身はここではどうでもよいことで、大事なのはその後の展開です。

私の怒りはついに爆発しました。言葉はよく憶えていませんが、私の目に見えるように物理的に姿を現す気がないのなら、これ以上こんな馬鹿げた会話をつづけるつもりはないと言い放ったのです。

すると彼は、自分の波動を私のレベルまで下げるには膨大なエネルギーがいるので、その代わりに空の雲をはっきりわかるように変化させて、彼が私自身の空想の産物ではないことを示そう、といった意味のことをもってまわった言い方で話しました。

見上げると、空は一面に暗雲で覆いつくされています。

話を逸らされて気分を害した私は、「どうやって、それがあなたの仕業だとわかるのですか？」と問い返しました。

「雲を分けて、雲間から太陽をお見せしましょう」と彼は答えました。

私はそれに時間制限をつけました。これから私が谷まで下ってラバドゥに帰り着くまでのあいだに太陽が見えなければ、それ以上は一刻の猶予もないと告げたのです。

そして私はいまいましい会話を切り上げ、急いでふもとの登り口に向かって歩きはじめました。途中、最初の曲がり角にさしかかったとき空を見上げました。

すると驚いたことに、空を覆っている厚い雲のごく一部に、うっすらと明るい円が現れていたのです。私はわが目を疑いました。谷に垂れこめた一面の暗い雲のなか、そこだけがわずかに淡いグレーで、それが少しずつ広がっていくようにも見えます。あの淡い光の円の奥に、ほんとうに太陽があるのだろうか？

私はわけもなく急に足を早めました。

おそらく、これがもしほんとうにあのアルクトゥルス人の仕業だとしたら、のんびり時間を与えてなるものかと思ったのでしょう。彼の典型的な曖昧さや、人生の使命に関するコメントがしゃくに障って、まだむかっ腹がおさまらなかったのです。

自分の反応に半ばあきれながら、私はさらに急いで山道を下りました。

次の曲がり角で、またふり返って空を見上げた私はぎょっとしました。谷全体がすっぽり分厚い雲に覆われているというのに、私の頭の上には、さっきよりもさらに明るくなった円がはっきりと見えるのです。

しかもその背後にはあきらかに光の兆しが感じられました。

私は文字通り転げ落ちるように山を駆け下りました。自分の愚かな反応も呆れたものでしたが、地面には砕けた岩がごろごろしているのですから、危ないばかりか足を踏みはずせば崖から谷底へ真っ逆さまに転落していたでしょう。

登り口まで来ると、一度もふり返らず、広い草原をつっきって一目散にラバドゥめがけて走りました。いつもなら草原のへりをぐるっと迂回する小道を歩き、左に曲がって、古い街レンヌ・レ・バンとラバドゥを結ぶ、かつて人や荷馬車が往来していた街道をたどって帰るのですが、このさい遠回りしている暇はありません。私は最短の直線コースをとることにしたのです。

一刻を争う気分でその広大な草原を横切り、まっすぐラバドゥ周辺に見えている木立に向かいました。草原を過ぎてラバドゥにかかる小さな橋までやって来たとき、ようやく私はふり返って空を見上げました。するとそうの中の円はますます明るく、うっすらと太陽の輪郭さえ見えているではありませんか。

私は勝負に出ました。アルクトゥルス人は雲を分けて太陽が見えるようにすると言っていた。ならば、太陽は雲に隠れていないばかりか一片の雲もかかっていてはならないはずだ。まだ勝算はある。そのわずかな可能性に賭け、私は全力をふりしぼってラバドゥへの橋を渡り、夫婦で滞在していたアパルトマンの石段を一気に駆けのぼりました。そして部屋につづくバルコニーの開き戸にたどりつくやいなや、空を見上げました。

雲の中の円は、そこだけ空が丸くくり抜かれたように雲がほとんど晴れ、霧のような淡いベールごしに太陽がくっきりと現れていました。空全体はどこを見てもすっかり分厚い暗雲に覆いつくされているというのに……

それから何年もして、このアルクトゥルス人の名前がフレフィオスだったことを知りました。でも、その当時は誰なのか気にかける余裕もありませんでした。結局のところ、私は住み慣れた知覚の箱から外に出るのが嫌で、心理的に退行して亀のように甲羅に閉じこもっていたのです。

回転音

ラバドゥに近い山の上でアルクトゥルス人のフレフィオスと思いがけない出会いがあった後、まもなく何かが回転しているような奇妙な音が聞こえはじめました。その回転音というのは、アルクトゥルス人の声と同じように、肉体の耳で聞こえるわけではありません。それは霊的に聞こえる音で、クレアオーディエンス（透聴力、霊聴）とも呼ばれる聴覚です。

その奇妙な音は、私がハイキングや瞑想をしているときに、どこからともなく聞こえてきて精神を変化させる効果がありました。

聞こえはじめて数日後、私はその回転音が、ビュガラッシュ山に停泊しているアルクトゥルスの宇宙船からやって来ることがわかったのです。「わかった」というのはつまり、一種の霊的なひらめきのようなものです。当時も今も、私はこうした直観的な知覚を、客観的に証明できる情報と同じカテゴリーのものとは見なしていません。

直観的なひらめきは人間の知性の興味深い能力で、「あっ、そうか」という強い感覚を伴います。しかし私の経験から言って、確かだという感覚があっても、それだけで正しいとは言えません。実際きわめて強い感覚があったのに間違いだったという経験もあります。

直観力をとおして正確な情報や真実が手に入ることは、私たち人間にそなわった素晴らしい大切な能力です。これについて、ここで話そうとするテーマから脱線しない範囲で少し述べておきましょう。

客観的な情報とは、私たちの五感によって確認できるか、何らかの科学的な手法やデータ分析によって確認または証明ができるものです。

しかし直観的な情報は、確認できることもあれば確認できないこともあります。

たとえば車の鍵が見つからないとき、いつもは置かないような「あの場所にある」という霊的なひらめきを得たとしましょう。このような場合、実際にその場所に行ってみれば事実かどうかは確認できます。

それに対して、アルクトゥルスの宇宙船の存在を客観的な方法で確かめるというのはまったく別種の問題です。こうしたものの存在は、そもそも客観的に証明することができません。もっと正確に言うと、アルクトゥルス人とはじめて出会ったとき、私には確かめる手立てはなかったのです。私自身はそのように確認も証明もできない霊的な心象を、「事実かもしれないし、事実ではないかもしれない」という論理的不確定領域のものと見なしています。

強い霊的な心象にまつわる難しさの一つは、そこに知的あるいは感情的な「あっ、そうか」という深遠な感覚が伴うことです。でも前にも言ったように、本当だという直観があるからといって、それが本当だとはかぎらないのです。

もう三十年も前のことですが、これに関連して思い出した話があります。

私の知り合いで、宇宙人の話にすっかりとりつかれてしまった女性がいました。彼女の心はいつも宇宙人のことでいっぱいでした。そしてある晩、輝く満天の星空を見つめながら、宇宙の兄弟姉妹に「どうか私を迎えに来てください」と祈りました。するとまさにその瞬間、流れ星が弧を描いて、ぱっと光を放って消えたのです。それを見た彼女は、祈りが聞き届けられたという強い霊的なひらめきに打たれました。しかもそのとき、迎えに来る場所の詳細な緯度と経度まで受けとったので、いやがうえにも確信は揺るぎないものとなりました。

彼女は仕事を辞め、所持品もすべて売り払いました。どうせ新しい星での人生には必要ないからです。それから彼女は車でニューメキシコ州の砂漠まで行き、約束の場所にテントを張って待ちました。来る日も来る日も、昼も夜も、ひたすら待ちつづけました。やがてとうとう食糧も水もつきてしまいました。けっきょく宇宙の兄弟姉妹は、彼女を迎えには来なかったのです。

彼女は失意のどん底で、しかもほとんど無一文で、やっとのことで車を運転して家族や友人のところまで帰り着きました。まわりからは気のふれた人間のように見られました。

彼女は知らず知らずのうちに、「幻惑因子」とでも呼ぶものに侵されていたのです。これは頭脳の誤作動の一種で、新しい知の領域に進もうとするときにしのび寄ってきやすいものです。変性意識に入りはじめたばかりの人は特にそうなりやすいので、霊的な心象と同等の逆の力――つまり論理――とうまくバランスをとる必要があります。

人生の多くにおいて、バランスは鍵なのです。

バランスの必要性は、私たちの脳のしくみにも表われています。人間の大脳には二等分された新皮質があり、一方で論理的に考え、もう一方で直観的に考えます。

直観的な能力を使わないで世界を生きることは、ある種の知的貧困です。でも論理的な能力を使わないで生きることもまた別の種類の知的貧困で、場合によっては愚かしく、危険でさえあります。

この問題に関する私の立場は、直観や霊的な心象に自分を開きつつ、それらを裏づける事実や情報とも照らし合わせていくというものです。

さて、私の頭の中で聞こえた回転音の話に戻りましょう。

私はその音にすっかり魅了されました。全神経を集中させて聴いていると、いつも意識の大きな広がりへと運ばれるのです。その拡張した意識状態では爽快な高揚感がこみあげてくる一方で、私自身のエネルギー的な限界を超えてしまうほど困難な体験もありました。

私は夢中になりました。

そして、それらの霊的な音あるいは心象をなんとか録音できないだろうかと真剣に考えはじめたのです。なにしろ可聴域を超えているのですから、どうみても簡単な仕事ではありません。

しかしそれにくじけることなく、私はにわか仕立ての録音スタジオを設営し、聞こえてくる音声に近い領域をさぐりながら録音を開始しました。レコーディングはラバドゥの木々の鳥たちも寝静まった真夜中に行うことにし、深夜三時頃から明け方にかけて無我夢中で取り組みました。すると鳥たちが目を醒まし新たな一日のはじまりを告げる時分に、何層もの音の重なりが得られたのです。

こうして私は毎晩のように音声の録音を重ねていきました。正確には憶えていませんが、少なくとも二週間は費やしたでしょう。この冒険的試みのあいだ、とくに終わり近くになればなるほど、聞こえる霊的な音声を正確にキャッチできるようにアルクトゥルス人が導いてくれている感覚があり、より聞こえやすくなっていくようでした。

すべての収録を終えたとき、トラック数は二十四に達していました。ミキシングの最終段階では、そこにアルクトゥルス人が立っているのが強く感じられました。最終バージョンに彼の承認が得られると、私は早速その六十分強の録音を再生してみました。するとそれは、聞こえていた心象にきわめて近いものになっていたのです。

私はその収録作品を『ライトシップ *Lightship*』（光の舟）と名づけました。

今でもその録音を聴くと、アルクトゥルスの宇宙船からはじめて霊的な音の心象を受けとったときと同じ反応を体験します。おもしろいことに、これを聴いたほかの人たちも同じような反応を報告しています。ある人はとても好きだと言い、ある人は聞くに耐えないと言います。私自身、これを聴いていると、引き込まれて身も心も広がっていくときもあれば、一、二分ですぐ嫌になって止めてしまうときもあります。

こうした反応の違いは、波動に対する反応が異なるからだと私は考えています。つまりある性質の音（音質や音色）が、人を引きつける場合もあれば、跳ね返す場合もあるのです。それだけでなく、ある特定の気分や精神状態のときには強く惹かれる性質の音楽が、別の精神状態のときにはまったく何も感じられないということもあります。事実、聴くのも嫌だという気分にさえなるのです。こうしたことのすべてはみな知覚の相対性、すなわち人による知覚の相対性と、そのときの（気分や精神状態の）波動の違いによる知覚の相対性から来るのでしょう。

この録音が完成してしまうと、私はアルクトゥルス人との約束を果たし終えた気分になり、この一件をすべて忘れてしまいました。しかしながらこの謎めいた存在たちとの冒険は、じつはまだ始まったばかりだったのです。

予期せぬ空間転移

次にアルクトゥルス人と出会ったのはそれからおよそ一年後で、場所はやはりラバドゥでした。このときの体験は、今の私の観点でふり返ってみてもひどく奇妙で、とんでもなく異様なものでした。

これからお話しする出来事は、期待していたわけでも招かれたわけでもありません。言ってみれば、私はただ目の前のことに対処するだけで精一杯だったのです。

早春の空は、まるでせめぎ合う大釜のように風と風がぶつかりあって、綿毛のような雲が激しく渦巻いていました。北の空には巨大な怪物のような黒い雷雲が湧きあがり、私の頭の上を明るい青空と、どしゃ降りの雨が交互に通過していきました。青空と大粒の雨のコントラストは見事でした。なにしろ雨は真上から落ちてくるわけでなく、ここから一キロ以上も北の、あの不気味で巨大な黒雲から吹き飛ばされてくるのですから。

その午後、私はいつもより長距離のハイキングに出て、ラバドゥからレンヌ・レ・バンの街へとつづく古道を何時間も歩いていました。この道は、よく足を運んだ例の登山道には通じていませんでしたが、なかなか好いハイキングコースだったのです。

やがて道は岐路に出て、そこに雨ざらしの古い標識が立っていました。道を真っすぐに進めば、農家の脇をぬけ、丘陵地をふちどるむきだしの岩壁にぶつかるのが見えました。いっぽう、標識が示すレンヌ・レ・バンへ向かう左の方角を見ると、茂みだらけの一本道が深い森の中をどこまでもうねうねとつづいていました。

私は左に曲がり、レンヌ・レ・バンに向かう道を行きました。ほどなく道は急な上り坂になり、途中でふと足を止めて振り返った私は、眼下に広がる自然の光景に息をのみました。本当にそうだったのかどうか、よくわかりません。たぶん目の錯覚だったのでしょう。あたかも自分が、はるか遠くに見える山あいの小さな村、レンヌ・ル・シャトーより高い位置にいるように見えたのです。

空は輝くような深い青で、巻き毛のような白い雲が風にちぎれて点々と浮かんでいました。北の空の不吉な黒い雷雲はますます大きくなり、遠雷がごろごろと谷間に反響しています。

すると一瞬、雨がやみました。あたりの空気には、いま降ったばかりの新鮮な雨の匂いがたっぷり含まれていました。世界はまさしく完璧に見えました。

丘を下って谷への道をたどり、ラバドゥに向かっているあいだ、西の空はしだいに夕焼けに染まり、火のような赤と金色に輝きました。そして滞在している小さなアパルトマンに帰り着く頃には、太陽もすっかり沈んで、妖しく魅惑的な夕闇が地上に満ちていました。

妻のジュディと私はラタトゥイユの残りとジャガイモで夕食をとり、少し読書をしてから休みました。

午後のハイキングでぐったり疲れていた私は、すぐに眠りに落ちました。夢も見ない深い眠りでした。すると、どうしたわけか急に早朝五時に目が醒めたのです。それもただ目醒めたのではなく、はじかれるように飛び起きて身構えたのです。妻のベッド脇のテーブルにある時計に目をやると、デジタルの数字が今まさに〈5：00〉に変わるところでした。

その瞬間、私の一部がビュガラッシュ山に向かって引っぱり出されたのです。それまでにこうした霊的な感覚を数多く経験していなければ、きっと腰を抜かしていたでしょう。でも私は冷静そのものでした。自分がアルクトゥルスの宇宙船に連れて行かれることがわかり、そこに何の危険もないこともわかっていたのです。

頭脳がいつものようにフル回転して、もしや私は昼間のハイキングで疲れすぎ、精神に異常か変調をきたしたのだろうかと考えました。しかしそんな考えなどおかまいなしに、霊的な心象がさらに勢いをまして怒濤のように流入してきました。

望めばすぐにこの変性意識状態から抜け出すこともできたでしょうが、力をゆるめ身をまかせていると、その心象はますます鮮明なものになっていきました。私はベッドに横たわったまま、一分ほどその霊的な心象の洪水にひたっていました。次の一分で、寝室にいる感覚が消えました。

そして私は宇宙船の中にいたのです。少なくとも私の変性意識では、それがはっきりわかりました。

私を迎えてくれたのは、あのときのアルクトゥルス人でした。山の上で話しかけてきて、その後『ライトシップ』の録音を助けてくれたフレフィオスです。

彼は淡々と、「こちらへどうぞ」と当たり前のように言いました。

それだけ言うと、フレフィオスは私の前を歩きはじめます。それは長い廊下でしたが、まったく見たことのないしろものでした。廊下というよりは長いチューブの中のようで、湾曲した壁面にところどころ象形文字のような不思議なシンボルが見えます。それらはとても魅惑的で、私はふと手を伸ばして触れようとしました。するとフレフィオスがすかさず私の手をつかみ、「さわらないでください」と言いました。

何分か歩いたと思われる頃、彼は立ち止まって壁の象形文字のいくつかに触れました。するとすると壁に丸い扉が現れて、まるでカメラの絞りのようにするすると開いたのです。フレフィオスは私にそこへ入るよう、身ぶりでうながしました。

入り口をくぐると、扉は閉まって跡形もなく消えました。

そこは広い食堂のようなホールで、まるで映画『スター・ウォーズ』に出てくる居酒屋のように、多種多彩な風貌の人たちが集まっていました。

案内役のアルクトゥルス人は、空いているテーブルに私を座らせました。それからカウンターのほうに歩いていって、なにかの装置からカップをとりだすと、それを手にして戻ってきました。

「これを飲んでください。そうするとあなたのエネルギー場が安定します」

私がぽかんとして彼を見つめていると、彼はつづけてこう言いました。

「この宇宙船と同じ波動のものを体内に入れないと、あなたは長くはここにとどまっていられません」

彼にうながされて、私はカップの液体を飲み干しました。不思議な甘みがありましたが、それ以外は何の味もしません。そのとき、近くのテーブルに誰かが――いえ、何かがと言うべきか――座っているのに気がつきました。

その存在はアルクトゥルス人ではなかったことがあとでわかるのですが、私にとって、彼は巨大なロブスターと人間が合わさったような姿に見えました。容貌は人のようでもありますが、球根のような頭をして、髪の毛はなく、顔の真ん中に巨大な一つの目がありました。ああそうだ、キュクロプス（訳注／ギリシャ神話に登場する一つ目の巨人）に似ているんだ、と私はつぶやきました。

何組かあるうちの、いちばん大きな腕の一対はカニのはさみそっくりでした。

私の目は彼にくぎづけになってしまいました。

するとその存在がやおら立ち上がり、私のほうに近づいてくるではありませんか。ものすごい大男です。背丈が三メートルはあったでしょう。しかも、かなりいきり立っている様子です。

彼はわれ鐘のようなしわがれ声で言いました。

「おい……俺の姿がおかしいか？」

部屋中のざわめきがぴたりとやみ、そこにいる全員の視線が私に注がれました。

「ええ、たしかに」と私。「でもあなただって、私の姿がへんだと思っているんじゃありませんか？」

彼がニヤッと笑うと、部屋中に笑いの渦が巻き起こりました。

そのとき、フレフィオスが私をうながし、「そろそろあなたを船長のところにお連れする時間です」と言いました。

フレフィオスは私をいざなって部屋の奥のほうの壁に向かうと、今度も壁に描かれたいくつかの象形文字に触れてカメラの絞りのような扉を開きました。私たちは食堂を出て、別の長い廊下を進みました。トンネルのような廊下のつきあたりが見えてきた頃、私はフレフィオスに、さっき出会った存在は誰なのかと訊いてみました。すると彼は、「ああ、彼はナビゲーターです」と答えました。

「ナビゲーター？」私は驚いて聞き返しました。

「ええ、ナビゲーターです。この船には大勢のさまざまなメンバーが乗り組んでいます。そのなかにはアルクトゥルス人でない者もいます」

つきあたりまで来ると、フレフィオスがまた壁の象形文字に触れました。前と同じような丸い入り口が開き、入ってみるとそこは小さな会議室のようなところでした。細長いテーブルと、椅子らしきものが十二脚ほど置いてあります。正確な数までは憶えていません。というのも、そこへ明らかに船長とわかるアルクトゥルス人が、数名の側近とともに入ってきたからです。

船長は私を見ると、「波動を安定させる飲み物がよく効いているようですね」と言いました。

「食堂で飲んだ、あの液体のことでしょうか？」と私。

「そうです。あれによってあなたのエネルギー体がこの宇宙船の波動と同じに保たれているので、あなたはこうして今しばらくとどまっていられるのです。あの液体の効き目が消えてしまえば、もうここにいることはできません。そうなる前に、あなたを本船のブリッジ（訳注／艦橋。船全体の指揮所）見学ツアーに案内しましょう。この宇宙船で私たちがしていることの感覚をつかんでほしいのです」と船長は言って、さらにこうつづけました。

「そのまえに一つ、あなたに聞いておきたいことがあります」

「何でしょう？」

「慈悲というものの性質について、あなたと私では見解が異なるようです。私がこの宇宙船の船長としてとったある行動について話しますから、あなたはそれを慈悲のある行為だと思うかどうか聞かせてくれますか？」

私は彼の問いにいささか当惑しましたが、「わかりました」と答えました。

「あなたがたの時間感覚でいうと数か月ほど前、われわれはあなたがたの太陽系の外側を巡回していました。この象限におけるわれわれの任務は、銀河間に出没する無法者たちから地球を守ることです。そのとき、われわれは別の銀河からきた宇宙船が五次元空間に隠れているのを発見しました。私は彼らが『フィーダー』である事実をつきとめ、地球にとって直接の脅威になると判断したのです」

「フィーダー？」と私は問い返しました。

「人間の中にある否定的な感情を食いものにしている連中です。人間だけではありません。感覚のある生きものはすべてターゲットになります。彼らは、恐怖といった否定的な感情を食糧にしているだけでなく、好んで対立を引き起こします。ただでさえ地球には、外の銀河からの干渉によってこれだけ争いが蔓延しているというのに、それらの卑劣なものたちはさらに事態を悪化させようとしています」

「それでどうなったのですか？」

「われわれが発見すると同時に、彼らは攻撃を仕掛けてきました」

「それから？」私はたたみかけるように訊ねました。

「反撃しました。われわれのすぐれた火の力で、彼らは木っ端みじんになりました。生き残って地球世界に悪い影響をおよぼさないよう、彼らの宇宙船を素粒子レベルまで粉砕したのです。もちろん生存者は一人もいません」

その状況に対する私の嫌悪を感じとった彼は、私の目をまっすぐ見つめて言いました。

「私のしたことは慈悲のある行為だと思いますか？」そう訊ねる彼の声には確固とした響きがありました。

「私にはよくわかりません」

「私にはわかります」と彼は言い、こうつづけました。「慈悲とはつねに状況しだいで相対的なものです。私にとっては、彼らがあなたがたの地球に、ひいてはどの惑星に対しても害をおよぼすことを黙認しているより、この銀河全体の脅威をとりのぞくことのほうがはるかに慈悲のある行為です」

「それについては、私もよく考えてみる必要がありそうです」と私。

「ぜひそうしてください」彼は毅然とした口調で言いました。

「では私は任務に戻りますから、ここで失礼します。あなたの帰る時間が来るまで、フレフィオスがブリッジを案内します。きっと楽しいツアーになるでしょう」

船長と別れ、フレフィオスの案内でブリッジに行くと、なんと驚いたことに、そこにさっきの「ナビゲーター」が座っていました。彼は私たちが入ってきたのに気づくと少しやわらいだ様子をみせ、かすかに微笑んだようにさえ見えました。

「食堂でのあなたの対応はお見事でした」とフレフィオスが私に耳打ちしました。「あなたと同じように彼の側でもあなたを奇妙だと感じているに違いない、という洞察はすばらしかった」

それからフレフィオスは、ナビゲーターの助けをかりて、宇宙船の航行システムを見せてくれました。システムの中心的役割を果たしているのは大きなディスプレー画面で、三次元空間でのこの船の現在位置と同時に、どの次元に存在しているかがアイコンで表示されるのです。

航行システムの次には操縦室に案内されました。操縦士は自分の思考だけで宇宙船をコントロールしていました。操縦士の思考を宇宙船の知能とつなげることで、自分の意図にしたがって宇宙船を航行させることができるのです。いわゆる外付けの操縦装置のようなものはどこにも見当たりませんでした。

アルクトゥルスの宇宙船で、私はずいぶん長いあいだ、それこそ何時間も過ごしたような気がします。

やがて私はだんだん疲れを感じはじめました。例の飲み物の効き目が切れてきたのでしょう。理由はさておき、体験していること自体がつらくなってきたのです。

宇宙船からどうやって自分の寝室まで帰ったのかは思い出せません。それは一瞬でした。宇宙船にいたと思ったら、次の瞬間にはベッドの上だったのです。私の論理的思考はこの遭遇と闘っていましたが、私自身は今の宇宙船での体験や船長との会話の鮮烈さに、ただ圧倒されているばかりでした。

妻のベッド脇のデジタル時計を見ると、数字は〈5：00〉で止まっていました。しばらく見つめていても動く気配はありません。私は眠りに落ちました。

次に目が醒めたとき、時計はまだ〈5：00〉のままでした。すこし触っていると動き出しましたが、時刻を合わせ直す必要がありました。

チャネリング・セッション

本書に収められているのは、数か月におよぶアルクトゥルス人とのチャネリング・セッションの記録です。読者の皆さんも感じると思いますが、彼らの「言葉」を読んでいると、それぞれに個性が異なり、現実の本質や、地球人とアルクトゥルス人の可能性についてみな独自の見解をもっています。

しかしアルクトゥルス人の世界に飛び込むまえに、「架空の箱」をあなたの横に置いておくことを忘れないでください。彼らの章を読むときにはそれをお勧めします。

それから、アルクトゥルス人にとって、言葉は最善のコミュニケーション手段ではないことも知っておいてください。彼らが好んで用いるのは、テレパシーによるホログラフィ交信です。これは非常に興味深い超常現象で、話したいことに関係する全情報をそっくりまるごとテレパシーで送るのです。

各セッションでも、複数のアルクトゥルス人が私たちの言葉によるコミュニケーションの原始的な性質について意見を述べています。その一つが、情報を伝達する際のスピードです。アルクトゥルス人どうしならナノ秒で伝わるところが、言葉で話すと一時間以上もかかったりするからです。それでも言葉による会話では、伝えようとする意味内容のすべてをあますところなく伝えることはできません。

アルクトゥルス人とのコミュニケーションにおけるもう一つの興味深いパラドックスは、時間にまつわる問題です。

私たちの言語には、現在形、過去形、未来形という時制があります。そしてすべてのものごとを、それが起きた時間、すなわち現在、過去、未来のどこで起きたかによって時系列に並べ、関連づけています。いっぽうアルクトゥルス人は、同時に複数の視野でものごとを見ています。たとえば、彼らが現在において何かしているとすると、それにかかわる過去と未来が――連動して変わりうることもすべて――見えるのです。その全部が同時に見えるわけです。これは高次元存在としての性質であるため、アルクトゥルス人には現在も過去も未来もすべて同時進行として見えてしまうのです。

時間の直線的進行が意味をなすのは、存在が次元降下して、（私たちが住んでいるような）三次元の現実にいるあいだだけです。

ある日のチャネリングで、とても面白いことがありました。エクタラという名のアルクトゥルスの科学技官が彼のものの見方を伝えてきていたときのこと、話の途中でとつぜん彼が笑いだしたのです。そのときはじめて彼は、私たちの言語における文章構造や語順の意味がわかり、情報を区別するために句読点が必要な理由も理解できたと言うのです。それ以降、エクタラの話には、コンマやカッコなどの指示が入るようになりました。

アルクトゥルス人とのチャネリングを通じて私がもっとも強烈な印象を受けたのは、サナート・クマラと名乗る存在とのやりとりでした。彼はとても雄弁で、自分の見解を情熱的に語りました。彼特有のエネルギーは私を強くとらえました。私はチャネリングのようなワークにかれこれ二十年以上とりくんできましたが、それらのワークではたいてい身を横たえ、受けとりやすいように深いトランス状態に入ります。

ところがサナート・クマラが私のエネルギー場に入ってくると、私は過量にエネルギーをチャージされて、横たわっていられなくなってしまうのです。思わず跳ね起きて、彼の言葉を口述しながら部屋じゅう歩き回っていたことも何度かありました。これほど途方もなくエネルギッシュな存在の中にいられたのは、ほんとうにすばらしい体験でした。しかしセッションが終わるとぐったりして、しばらく横になって休まなくてはなりませんでした。

このアンソロジーに登場するアルクトゥルス人たちはみな各人各様の見解を語ります。おそらく読者の皆さんも、好みが分かれるところでしょう。私がひときわ心惹かれるのは、最初にラバドゥ近くの山中で接触してきたフレフィオスです。

同じものごとでも人によってどれほど異なって体験でき、また体験するかということに、私はしばしば驚きをもって気づかされます。私にとって、フレフィオスは辛辣と愉快が同居している存在だったと言えるでしょう。

むすび

どこから発されたかはともかくとして、ある考えが個人の成長と進化をうながす触媒になることがあります。そのような考えは、現実に対する認識を根底から変えてしまう可能性があり、その意味では本質的にラディカルなものであるとも思います。

一例として、物理学の歴史を取り上げてみましょう。それまでニュートン力学だけにもとづいていた知覚世界に、量子力学というラディカルな概念が持ち込まれたとき、その劇的な飛躍は、ニュートン力学に裏打ちされた日常世界の「法則」を一挙にひっくり返してしまいました。確実で予測可能で論理的だったニュートン的現実に代わって登場した量子力学と呼ばれる若き新参者は、原子核内の現実に目を向けて、それが予測可能でもなければ論理的でもないことを指摘したのです。

しかし実際のところ、ニュートン力学と量子力学という二つの世界はうまく折り合って存在しています。観察者がどのレベル（すなわちマクロかミクロか）の現実を見ているかによって、どちらの理論も正しいのです。ただ物理学者が充分な実験をかさねてそれを立証し、量子論のような革命的概念を従来の思考体系に統合するまでに何十年もの歳月がかかったというだけなのです。

ラディカルな考えが社会の本流に統合されるまでには、一般的に言ってかなりの時間がかかります。そこには量子論のように科学的な性質において触媒の働きをするものもあれば、より社会的な意味で触媒となりうるものもあります。たとえば、誰もが生まれながらに不可侵の権利をもっているという考えは、数世紀前まではきわめてラディカルな思想と見なされていました。

ときにはラディカルな概念によって歴史が書き換えられることもあります。一例を挙げれば、コロンブスが南北アメリカ大陸を発見したわけではないという見解です。事実、一四〇〇年代後半にヨーロッパ人が侵略するはるか昔より、すでにそこには先住民の人々が住んでいたのですから。

二十一世紀になった今、科学とテクノロジーの発達によって、いっそう加速度的に斬新でラディカルな考えが世界になだれ込んでいます。人類の多くが、未来学者のアルビン・トフラーが「未来の衝撃」と呼んだものを体験しているのです。すなわち、私たちはあまりにも短時間であまりにも厖大な変化を体験しているということです。

しかし、まわりを取り巻くこうした状況に私たちが精神的に衝撃を受けようと受けまいと、現実に対する集合的な知覚と未来の歴史は、良くも悪くも、ますます科学とテクノロジーによって形づくられていくことでしょう。

この文脈において、アルクトゥルス的なものの見方はじつに興味深いと私は思うのです。アルクトゥルスが技術的にはるかに進化した高次元の超銀河文明であるという点を認めるならば、私たち人類とその可能性に関する彼らの視点はとても役に立つことがわかるでしょう。

そうでなくとも、アルクトゥルスのラディカルな考え方は、私たちが条件づけられている知覚の枠の外に踏み出してものを考える助けになるのではないかと思います。

ちょうどこの序文のしめくくりを書いているとき、面白いことがありました。友人たちと一緒にマンハッタンで夕食をすることになり、彼らがブルックリンから乗ってきたタクシーに、途中から私と妻のジュディも同乗させてもらったのです。道すがらドライバーと話していると、彼は奥まった細い路地裏にあるそのレストランの場所をじつに正確に知っているので、私たちはびっくりしました。

よく聞くと、彼はもう十八年も運転歴があるのに、はじめは絶対にマンハッタンには行かなかったそうです。あんな大都会のど真ん中に乗り入れるなんて考えただけでもゾッとして、ブルックリンからマンハッタンへ行くお客でさえ乗車拒否していたというのです。するとある日、一人の婦人に、行き先をマンハッタンと告げられました。彼がいつものように断ると、理由を訊ねられたので、一度も行ったことがなくて迷子になるからだと答えました。それを聞いた婦人は、自分の家は（マンハッタン島への）橋を渡ったところにあるから、そこで自分を降ろして、そのままUターンしてブルックリンに戻ってくればいいだけよ、と言いました。そしてとうとう彼はその日、はじめてブルックリンから摩天楼そびえたつマンハッタンへと踏み込んだのです。

私は彼の自己省察に感銘を受けました。彼はこう言ったのです。「私は橋を渡ったとき、自分の思い込みの箱から外に出たんです。そしたら急に、マンハッタンを運転することが怖くもなんともなくなってしまったんですよ」

読者の皆さんのなかには、アルクトゥルス的なものの見方が、いわば住み慣れた居心地のいい世界からずいぶんかけ離れたもののように感じられる人もいるでしょう。もしそう感じたら、この本はざっと読み流して、あとは心の中でUターンしていつもの現実に戻ってください。そしてその場所で、読んだものを吟味してみて、検討の結果、価値のありそうなものが見つかったらとっておいてください。また、何の価値もないと思うことや、あまりに奇抜すぎて考える気もしないようなことは、ただ「架空の箱」に入れておくだけでかまいません。

人の変容の旅にはさまざまな形があり、さまざまな道があります。この本に収録されているアルクトゥルス人からのメッセージは、私がこれまで遭遇したなかでも、もっとも謎めいた、そしてもっとも意識を開く可能性を秘めた情報であると言えます。

あなたの旅が素晴らしいものになりますように。

ジュディ・シオン

はじめに

私自身の心が私の教会です。ユダヤ教、キリスト教、イスラム教*などの制度化された宗教はどれも私にとって、人間が考え出したものでしかありません。それらは人々を脅して奴隷化し、権力と利益を独占するために設立されたのです。

トマス・ペイン『理性の時代』より

*訳注／原文では「トルコの宗教」

私は宗教に疑問をいだいて育ちました。子供の時分から、明らかに理にかなっていないと感じられたのです。その概念自体が不条理であるばかりでなく、思考の自由、知性、論理や理性を軽んじているからです。成長過程では、トマス・ペインの『理性の時代』(泰流社)を何度も読み返しました。おかしな運命のめぐり合わせで、その本は、明らかに母ではない誰か偉大な先達の手によって、わが家の洗面所に置き忘れられていた二冊のうちの一冊でした。

ペインの論理には反駁《はんばく》の余地はありませんでしたが、重要な点で一つだけ、私とは意見の異なるところがありました。でも、それについてはここでは述べません。誰でも最終的な判断は自分自身の知性と感性の静謐においてすべきことだからです。

ペインを理解できる年齢に達した頃、すでに私は人々の思考や行動を支配する制度が存在することに気づき、それを経験し、嫌悪するようになっていました。私が育った合衆国南部では、あらゆる行動が恥と罪という物差しで評価されました。恥や罪の意識は、それを押しつける側の権力者や親にとっては格好の支配の道具で、人間の頭（知性）と心（感性）をねじまげ、痛めつけます。それは彼ら自身もそのように育てられたか、あるいは「良心によって善人になる」能力を信じられないために、「神への怖れ」が引き合いに出され、教え込まれたからです。

知らぬ間にがっちり固定されてしまったこの悪循環を、どうやって断ち切ればいいのでしょうか。大半の人々が結局は折れてしまい、口にくつわを嵌められ、目隠しをされることを受け入れます。そして他者から教えられた存在しか見えなくなり、他者の信念を運ぶ荷馬になってしまうのです。そうやって私たちの多くが、誰かほかの人の荷物を運ぶことに人生を費やしています。

もし過去に見てきた敬虔な信者たちがみな真・善・美を体現していたなら、私ももっと長いあいだ教義に浸っていたかもしれません。しかしテレビに出演している有名な宣教師を含め、私が見聞きした説教者たちは誰一人、自身が説いている通りには生きていませんでした。自分が従ってもいない教義を人々に説くなど私には耐えられないことです。偽善者も愚か者も、我慢なりませんでした。

それに加えて、私が育ったところはとても辺鄙な土地でした。ヴァージニア州の小さな町どころか村とも集落とも呼べない場所でした。一面のタバコ畑以外には何もないところで、周囲二十キロメートル四方くらい、私のほかには誰も子供がいなかったのです。

そんな私の友達は、風の中にいました。「あり得ない」と大人たちから言われるまでは、森も私に話しかけてくれました。

ある晩、ベッドで寝ている私の足もとに、光る三つの球体《オーブ》が現れました。その話は『マグダラの書』（ナチュラルスピリット）にも書いたので、ここでは意味を記すだけにしましょう。この出来事は、のちになって私の個人的な体験と信じがたいほど関係してくることになるのです。

私はいつも超常現象に興味をもっていました。人知を超えたものごとが起こる可能性については、まったく疑いもしませんでした。

私を悩ませたのは神という問題でした。

いったい誰の神なのか？

神が嫉妬したりするだろうか？

なぜその神には「自分の子供たち」に知られてはならない知識があったのだろう。

それに、女性が叡智を求めてリンゴを食べたからって、どうして責められなければならないのだろう。

喩《たと》え話だとしても納得がいかない。

神に接する機会がすべての人に平等に開かれているわけではない。

はるか遠い国の子供たちが、どうしてイエス・キリストの教えに接することができないという理由で、地獄の業火で永久に焼かれなければならないのだろう。福音教会はそう教え、それを口実に宣教師たちは人々に信仰を押しつけてきたのだ。

イエスの名を聞いたことがないからといって、地獄に堕ちて焼かれたりするだろうか。すべての子供が怖れによってではなく自分自身の選択によって、誇り高い人生を送り、多数ある豊かな次元の一つに帰っていけるはずではないのか。

そもそも、愛に満ちた創造主が、都市をまるごと壊滅させて住民を皆殺しにしたりするだろうか？ フランスのあるカトリック司教の話が思い出されます。善良なカトリック教徒と、異端とされるカタリ派の人々で混みあう教会に火を放とうとし、理由を問われて彼はこう言ったのです。「みんな焼き払ってしまえばいいのだ、神が選別してくれる」と。

いったいぜんたい、どこの神が自分で創造した子供たちに、自分への信仰の証しとして、その命を差し出せと要求したりするでしょう？

私の知るかぎり、どんな心理セラピストであろうと、それほど偏執的で傲慢で思い上がった自己陶酔的な多重人格者を健全とは見なしません。

私の生命は生物学的事実なのであって、神学的事実ではありません。

私もはじめは神を信じようとしたのです。しかし、何年もの長い葛藤を経たのち、ついに形而上学的な選択を受け入れました。

私たち一人ひとりが神なのだ、と。

その後も私の探究はつづきました。信仰について熱心に説き伏せようとする偏狭な精神と狭量な街から自分を引き離し、本を読みふけりました。私を悩ませる根本的な問いに答えてくれるパズルのピースを、ずっと探し求めていたのです。

なぜ人は崇拝しないではいられないのだろう？

どうして人は、間違った方向へと導く権威にひれ伏すのか？

どうして人は何らかの存在を「主《マスター》」と呼ぶのだろう？　何がそうさせるのだろうか。

いったい何のために人はこれほど簡単に迎合し、自分の魂と身体を奴隷にしてしまうのだろう？

どうして人は「神」という言葉を聞くと、男性を、それも長いあごひげの老人を連想して自動的に祈りの姿勢をとるのだろう。それではどうしたって平身低頭して自分を卑下するしかない……

人類の生物学的進化には、失われた環《ミッシング・リンク》があると見なされていますが、じつはちょうどそれと同じように、情報のパズルにも失われた断片《ミッシング・ピース》があるのです。

失われた環

私はコンサルティング事業で成功をおさめていましたが、一九八六年にビジネスをたたんで合衆国北西部の小さな島に移住しました。そこでソウルメイトについての本を書きたかったのです。ところが、結局そうする代わりに*"Last Waltz of the Tyrants"*（暴君の最後のワルツ）と*"UFOs and the Nature of Reality"*（ＵＦＯと現実の本質）と題する二冊のチャネリング本の編集を手がけることになりました。私はそのとき初めて異星人の世界や、天地創造（訳注／旧約聖書「創世記」のこと）とはまったく異なる人類創造の物語に触れたのです。そこに書かれていることのすべてを私自身の論理と信憑のしかるべきところにおさめ、その新たな創造の物語が意味する可能性を理解するために、私は二年間、風に吹かれて海岸沿いの道をそぞろ歩きました。そして二年が経ったとき、私の精神はまるでボルトカッターで切られたような衝撃を受けました。ようやく私は、超銀河文明による遺伝子操作の結果として人類が誕生したという可能性のほうが、長いあごひげの老人や、抜き取られたあばら骨から誕生したという話より、はるかに道理にかなっていると腑に落ちたのです。

本書のアルクトゥルス人による情報を先入観なく読んでみれば、きっとあなたも自由になれるでしょう。「高い権威」に力をあずけてしまうかぎり、自分自身はいつまでも低いままです。

アルクトゥルスや、かずかずの存在たちから伝えられている「人類創造の物語」を次に簡単にお話ししましょう。これはアルクトゥルス人が初めてもたらしたものではありませんが、アルクトゥルスのバージョンには新たな部分が加わっています。あなたを拘束して視野を覆っていた目隠しがゆるんでくれるよう、心から願ってこの話をお知らせしたいと思います。

悠久のはるか遠いむかし、超銀河文明において高度に発達したテクノロジーを誇る、アヌンナキと呼ばれる種族がいました。あるとき彼らは自分たちの大気環境が崩壊しつつあることに気づき、科学者たちはそれを安定させるのに金が有効であることを発見します。彼らは地球を調査して豊富な金の鉱床が眠っていることを突きとめ、アフリカの金を採掘するために地球にやって来ました。そしていみじくも地球の学者たちが唱えている通り、アフリカが現在の人類文明の発祥地となったのです。

アフリカの地において、アヌンナキの遺伝学者たちは遺伝子を交配させて醸成し、今の人類をつくりだしました。その理由は、アヌンナキ自身は地球の自転のために長くそこに滞在することができず、しかも金鉱採掘の重労働を嫌ったため、みずからの手を汚さずに自分たちの大気を安定させる方策をさがしたのです。そのためにつくりだされたのがホモサピエンスと呼ばれる現生人類でした。シュメール文明初期の粘土板には、その当時のことが記されています。

一般的には人類進化の起源は初期の霊長類であると見なされていますが、アルクトゥルス人の話には今まで聞いたことがない部分が加わっていました。それは「エフェメラル」と呼ばれる、電磁的な性質をおびた、高い波動の存在のことです。

エフェメラルはいつもここにいます。私たちもかつてはその存在を見ることができました。彼らは私たちよりずっと高レベルで振動しており、神話の中にも妖精や小人やノームなどとして登場します。彼らは今も存在しているのです。ただ、私たちは彼らが見えないように訓練されてきただけなのです。まさにクック船長の巨大な帆船の姿が、その基準となる枠組みをもたない先住民の目にはまったく見えなかったのと同様でしょう。

そのエフェメラルたちのなかに、試しに初期の霊長類の身体に入ってみたものたちがいました。しかし生き物の身体に入るというこの実験には、一定の時間枠がありました。もしもその枠を越えて留まったエフェメラルがいれば、そのまま霊長類の身体に封じ込められてしまったはずです。

アヌンナキが自身のＤＮＡを地球の初期霊長類のＤＮＡに継ぎ合わせ、自分たちを主人として金鉱で働く奴隷人種をつくりだしたという話は、これまでにも多くの超銀河集団が語っています。しかし、アヌンナキが特定の霊長類すなわちエフェメラルが封じ込められた霊長類だけを選んで、この実験の対象にしていたことは初耳でした。

アルクトゥルス人によれば、アヌンナキたちがエフェメラルの内在する霊長類だけを選ぶことができたのは、他の多くの霊長類とは明らかに異なった、目に見える輝きを放っていたからだそうです。つまり私たちは普通の霊長類ではなかったということです。

私たちは、どこぞの神だか主だかが、アダムのあばら骨から女性をこしらえたなどという聖書の物語の産物ではなく、科学的実験の産物なのです。今の人類が動物の品種改良と称して遺伝子を改ざんするのと大きな違いはありません。

ですから、人類の生物学的進化における失われた環とは、異星人の介入による初期人類の創造だったわけです。

しかし、この物語にはきわめて重大な問題点があります。私は二十年前に*"UFOs and the Nature of Reality"*を編集していて気づいたのですが、アルクトゥルス人に出会うまで、その考えを裏づけるものはどこにも発見できませんでした。

考えてもみてください。**思考は創造するのです**。これは、形而上学における根本的な共通概念です。もし奴隷人種をつくりだすという意図によって私たちが創造されたのだとすれば、自分より偉そうな存在と出会ったとき、そこに戻ってしまうことに何の不思議があるでしょう。相手が神であろうと主であろうと、もしくは高度なテクノロジーをもつ異星人であろうとも。

アヌンナキは超銀河文明のなかでもきわめて高度な発達をとげた種族で、技術的には優れていましたが、霊的な進化は非常に遅れていたのです。

まさにこの点は、子供時代の私の内に生じていた大きな疑問でした。もし昔の「神々」がそれほど偉かったのなら、どうしてあんなに無知で嫉妬深くて、危険な存在だったのだろうかと。

つまり、どれだけ絶大な力を持っていても、霊的にはまったく未進化な場合もあるのです（ここでジョージ・ブッシュが頭に浮かびました）。

霊的進化とは意識の問題です。

力はテクノロジーによって手に入ります。しかし絶大な力を持っているからといって、それで偉大だとか、仕えるに値する存在だということにはなりません。

たとえば「初期の神々」（具体的に名を挙げれば、主神概念の残酷さを象徴するエホバ）に都市をまるごと破壊する力があったとしても、そのことは少しも神聖さや偉大さを示してはいません。それはただ、彼らは力が強かったということを示しているだけです。私はエホバを、途方もない力を持った未熟な二歳児と見なしています。

率直にいって、私はそんな種類の「力」を持つよりは、進化した「意識」のほうを選びます。

さらに私は、「神への畏怖」を選びません。もしそういう存在がいるとしたら、怖れではなく尊敬と愛を選ぶでしょう。どのような神であろうと、尊敬に値する存在でなければ敬うことはできません。畏怖や服従をみずから要求する神をどうして敬えるでしょうか。

アルクトゥルス人が語る人類創造の物語に戻りましょう。アヌンナキの手によって彼らのDNAと、霊長類の身体に封じ込められたエフェメラルのDNAが異種交配され、初期の人類が誕生しました。しかしそれは彼らの奴隷人種をつくるという考えによって創造されたものでした。

私が二年のあいだ、風が吹きすさぶ海岸沿いを歩きながら考えていたことは、なぜ私たちには間違った権威にさえも服従してしまう傾向があるのかという問題でした。私は人類創造の物語にまつわる断片的情報を一つに結びつけようとしていました。そのとき編集していた異星人に関する本にも、アヌンナキの遺伝子操作のことは書かれていたのです。しかし彼らがDNAを操作して奴隷人種をつくりだしたときの、彼らの「思考」にはたと思い当たるまで(トマス・ペインのおかげで)、その情報の意味がぴんと来ていなかったのです。私のなかではすでに二十年も前に答えが出ていました。なのにどこを探してもそのような言説は見当たらなかったため、ごく少数の知人に話していただけでした。

おそらく情報というものは、その意味がわかって、受け入れる準備ができてはじめて与えられるものなのでしょう。私は自分が編集しているものの本当の意味を解読するまでに何年もかかり、そこからまた二十年近い歳月を費やしました。

思考は創造します。すなわち奴隷人種をつくるという思考から人類が創造されたのです。したがって、私たちが自分の力をすべて取りもどし、自分に本来そなわる偉大さに気づくためには、なぜ私たちが今のようになったかを理解しなくてはなりません。

主人に対する恭順は、まさに私たちのミトコンドリアＤＮＡの中に埋め込まれていたのです。

さらにアルクトゥルス人の話では、その遺伝子交配より前にも、さまざまな文明や種族によって二十件以上の遺伝子操作が行われているということです。遺伝情報がこれほど豊かに雑多に混ざり合っていることが、地球人類を超銀河的な貴族にしているのだとアルクトゥルス人は言います。

「弟子に準備ができたとき、師が現れる」という諺《ことわざ》は、情報を受けとることについても当てはまるのでしょう。意識が開いているとき、有用な知識がやってくるのです。

私は本書をとおしてアルクトゥルスの友人たちを皆さんに紹介できることを、どれほど光栄に感じているかわかりません。ここで語られることを少なくとも参考情報として心にとどめておき、あなたのやり方でぜひそれをよく吟味してみてください。

じつはアルクトゥルス人からこの対話の誘いがあったとき、トムはあまり乗り気ではありませんでした。彼は、仏陀やサラスヴァティーや呉大師などという聖人やスピリチュアルな教師には何の抵抗もないのですが、異星人という存在にはあまり心を動かされないようでした。トムの中にいる霊的な師は、歴史上の名だたる偉大な指導者は受け入れられても、異星人という概念は受け入れられなかったのでしょう。トムは前者を神と呼び、神聖視してきました。

いっぽう、私の辞書からはすでに神という言葉は消え、いまやそうしたあらゆる存在を異星人と見なしています。私にとっては、神や神々だと信じられてきたどのような存在も、すべて別の世界——たぶん異次元のはるか遠い銀河や宇宙——からの来訪者なのです。

トムはこれまで二十年以上もハトホルたちと仕事をしてきました。私も彼をとおして、ハトホルたちと十五年以上かかわってきました。彼らはほんとうに古くからの友人です。それでもトムは、異星人の話となると二の足を踏んでいたのです。

ところが、この本の話が出たとき、私たちがもっとも敬愛してやまないある存在が、アルクトゥルスからの情報をチャネリングして人々に伝えてほしいとトムに頼んできたのです。この存在からの依頼には、トムも私も耳を貸さないわけにはいきません。

その存在とは、ただ一度人間として転生したときにマグダラのマリアと呼ばれていた存在です。

その彼女がわざわざ申し出て、トムに情報のとりつぎを丁重に依頼してきたのです。

ご承知のとおり、チャネリングされた情報の質はチャネルする人間の進化レベルによって大きく左右されます。ですから私には、アルクトゥルスの今回の情報を受けとる人はトム以外に考えられませんでした。トムがいかに彼自身の人生を一貫した高潔さで生きているかを私はよく知っていたからです。彼の鋭敏な知性も、科学者の側面も尊敬していました。そのうえ彼はどんな周波数にも脳を同調させることができたので、きわめて信頼性の高い情報をもたらすことが明らかでした。

私も、たぶんトムは後ずさりするだろうと思っていました。しかしほかならぬマグダラのマリアとして知られる存在に頼まれたら、トムも断るわけにはいきません。

あとでわかったことですが、マグダラのマリアはアルクトゥルス人だったのです。そればかりか、偉大な存在として知られるイエシュア・ベン・ヨセフも、また次元上昇《アセンデッド》したマスターであるサナート・クマラも同様でした。

異星人のDNA鎖

私が意識の上ではじめてアルクトゥルス人と出会ったのは、スイスのツェルマットにある心優しい親友の別荘用アパートでした。マグダラのマリアが、ここにいるあいだに私の系譜をさかのぼってみてはどうかと提案してくれたのです。それは私の誕生日プレゼントになりました。

そして、私は地球出身ではなかったことが判明しました。

あなたもそうかもしれません。ついでに言うと、私たちの多くが地球外存在のエネルギー的なDNA鎖の放射をたずさえているそうです。つまり、地球出身ではないということです。

私のDNA鎖はずいぶん遠く離れた宇宙から来ているらしく、「ここに来るまでに異種交配と同種異系交配を経てきている」とも言われました（つまり私はヴァージニア生まれではなかったのです）。

ツェルマットに滞在中、トムは週に何度も気前よく私に関係するさまざまな存在をチャネリングしてくれました。それはこれまで受けとったなかでも、最高にありがたく、いちばん味わい深い誕生日の贈り物でした。

そのとき私の個人的なことを伝えてくれた存在たちについては、もうあまりよく憶えていないのですが、そこに現れたアルクトゥルス人のことだけは決して忘れられません。彼はじつに大胆で、しかも深い知性をそなえていました。彼の話は筋が通っていて、単刀直入なところが好ましかったのです。

あるとき、このアルクトゥルス人と交信するためにトムが変性意識に入っていると、すぐ上の階の部屋に滞在している家族がいきなり家具の配置替えを始めたようで、私たちの頭のわずか一メートルほど上でタイルの床の上を引きずる、耳をつんざくような騒音が響きわたりました。するとアルクトゥルス人は、「あの馬鹿者どもは上で何をやっているんだ?」という意味のことを口走ったのです。その剣幕といったら、すぐに階段を駆け上がってドアをたたき、文句を言うのではないかと思ったほどでした。

それ以来、私は彼のことが大好きになりました。ツェルマットでの驚くべき滞在の日々、ほかにも多くの存在と出会いましたが、それまでにないほど私の心の琴線に触れてきたのはこのアルクトゥルス人だけでした。

私たち人間は肉体と意識が結びついたものです。肉体は地球上のさまざまな土地にいた身体的な祖先から受け継がれたDNAの混合によって出来ているかもしれませんが、その肉体に宿って意識を決定づけている放射には、たくさんの銀河、たくさんの次元から来たものが混ざり合っている可能性があるのです。あなたは女神や崇高な聖者の放射をたずさえているかもしれません。ただし神や女神がそのまま転生することはまずないと、マグダラのマリアやハトホルたちは述べています。

あなたが神や女神のＤＮＡ鎖――あるいは放射――を受け継いでいるために、その神や女神、もしくはその宗教に親しみを感じることはあるでしょう。でも、私たち自身がそうした神や女神の生まれ変わりだということはほぼあり得ないのです（この「放射」というものにまつわる混乱については、マグダラのマリアが彼女の章で語っています）。

明らかにアルクトゥルス人たちはこの機会をとらえ、彼らの文明が直面してきた問題が、私たち地球人類も直面しなくてはならない問題になっていることを伝えようとしています。その問題とは、心（感性）と頭（知性）の葛藤です。

彼らは人類が地球環境に配慮を欠いていることを深く憂慮し、瞑想の方法を紹介しています。そしてこの機会に彼らがどのように地球を守っているかを説明し、もっと大勢の地球人と交信することを望んでいるといいます。

さらに彼らは私の関心事にも言及しています。それは、私の見たところ今日の地球上に蔓延している、宗教とマインドコントロールの危険性についてです。

力と意識は比例するわけではない

この勇壮な存在たちが語った言葉を書き起こしながら、私は大きな幸福と歓喜を感じていました。自分の耳でじかに聞いた話です。私たちは受けとった言葉を変えないようにしました。トムも私も、ほかの人が書いたアルクトゥルス関連の情報はあえて読まないようにし、私たちが受けとったままを正確に伝えることを心がけました。

アルクトゥルス人のメッセージに入る前に、最後に一つ、お話ししておきたいことがあります。

私たちは誰もがみな神聖な存在で、限界のない、はてしなく広大な能力をたずさえています。今まで私たちは宗教や政府から意図的に嘘を教えられ、恥辱と隷属の泥沼にうずもれてきました。無知を捨てたら、次元上昇《アセンション》や魂の進化ができなくなるわけではありません。次元上昇や進化のために、誰にもひれ伏す必要などないのです。

ふり返ってみるに、私がＵＦＯの団体とうまくいかないのは彼らが魂の観点をもたないからで、ニューエイジの団体とうまくいかないのは彼らが自分の力を他にあずけてしまう傾向があるからだと思います。

私たちは力に満ちて、完全に目覚め、自由になることができるのです。

集合意識ハトホル

愛しきアルクトゥルスの友人たち

私たちハトホルの故郷は、あなたがた地球人とは別の宇宙にあります。

私たちはあなたがたの宇宙に隣接する並行宇宙からやってきました。私たちから見ると、隣りあった宇宙はおたがいに卵のパックを積み重ねるように並んでいるのです。

それらの宇宙のあいだにはエネルギーの通り道があり、特にすぐ近くの宇宙からは多くのエネルギーの流れがあります。あなたがたの宇宙へのおもな入り口はシリウスで、ここは大きなスターゲートあるいはポータルとなっています。

私たちはサナート・クマラの要請によってあなたがたの宇宙に入りました。彼は次元上昇した《アセンデッド》マスターであり宇宙船の司令官でもあります。彼が私たちをこの宇宙に招き入れたのは、私たちは存在の女性性と男性性という極性のバランスがとれており、文明全体ですでに波動の変容と上昇をとげていたからです。

私たちは、サナート・クマラがきわめて高潔な精神をもった才気あふれる知将で、生命のための不屈の勇士であることを見てとり、とても親しみを感じました。そしてこの比類なきマスターとの友好を深めるにしたがい、彼以外のアルクトゥルス人たちにも同じ気質が見られることに気づきました。あなたがたの宇宙でたくさんのアルクトゥルス人と知り合いましたが、私たちから見ると彼らはじつにユニークな資質をあわせ持っています。彼らはあなたがたの宇宙においてもっとも高い知性をもつ部類の種族で、そのテクノロジーはほかの超銀河文明よりぬきんでて進化しています。そして私たちもそうであるように、存在を楽しむ素質が生まれながらにそなわっているのです。

ただし彼らの楽しみ方は、私たちハトホルとは少し異なります。私たちは五次元から十二次元のあいだで存在を楽しみます。光の領域だけに存在しているため、時間と空間の外側を行き来し、その内側に入りこむことはありません。けれどもアルクトゥルス人たちは、みずから波動を下げて低い周波数域に入ることを楽しみ、必要とあれば喜んでそうします。三次元の世界に姿を現すほど宇宙船の周波数を落とすには莫大なエネルギーがいり、それは簡単なことではありません。高い周波数の領域で活動するほうがずっと容易なのですが、彼らは必要に応じて、いつでも三次元の立体世界に物質化することができるようにしておきたいのです。

このような楽しみ方で存在を眺めるというアルクトゥルス人の気質は、彼らの柔軟性と冒険的な魂からくるのでしょう。アルクトゥルス人はとほうもなく機略にたけた布陣の達人です。どんな状況も多次元的に眺め、同時に過去・現在・未来の視点から分析できるのです。遭遇したものごとへのこうした複合的でホログラフィックな視野は、彼らの先天的な資質です。学んで身につけたものではなく、彼らのＤＮＡに織り込まれているのです。

サナート・クマラはあなたがたの地球と太陽系と銀河系の守護者です。彼がはじめて地球に直接ふれたのは、現在では日本と呼ばれている場所でした。今からおよそ一千万年ほど前のことです。彼はそのとき、宇宙船を日本の人里離れた山中に降下させ、付近に住んでいた非常に進化した人々と交流しました。そこは今も日本で崇敬されている地、鞍馬山《くらま》にある小堂を中心とする一帯です。

サナート・クマラが地球に降り立ったとき、高度な進化をとげたアルクトゥルス人である彼には、惑星の過去からその時点までの歴史をホログラムですっかり見ることができました。それはあなたがたの時間で一千万年ほど過去のことです。そして彼には未来へとつづく流れもすべて見えました。今やそれがあなたがたの現在となっています。

鞍馬山は、日本人だけでなくアルクトゥルス人にとっても崇敬の地です。

だからといってアルクトゥルス人たちはサナート・クマラを崇拝しているわけではありません。彼らにとって、サナート・クマラは仲間の一員であり、アルクトゥルス人としての可能性を最大限に発揮している存在と見なしているのです。それでも仲間の一人であることに変わりはありません。

では、これからアルクトゥルスの皆さんに語っていただきましょう。私たちはただその扉を開けて、とても古くからの友人に敬意を表したいと思います。

1

サナート・クマラ

宇宙船司令官

［その1］

ここでは言葉を介してお話ししましょう。言葉というのはコミュニケーションの原始的な手段ですが、あなたがたに通じる方法でお伝えしなければなりません。

私はサナート・クマラという名で知られています。アルクトゥルスの仲間たちのなかで私が最初に話すことになりますが、それはべつに地位や序列のためではなく、私がとても古くから存在しているという理由によります。

私は超銀河的な歴史を見てきました。そして私の内には、すべてのアルクトゥルス人と同じように情熱と献身と博愛のこころざしが宿っています。

私は同時に複数の意識次元に存在しています。私としては九次元にとどまっているほうが広大な視野が得られて好都合なのですが、今この瞬間は言葉で伝えるために、もっぱら自分の五次元の相に集中しているのです。ここでの私は、身体の形を光で保ちつつ、形のない光との境界でバランスをとっています。このように並立した状態でいられるのが九次元の面白いところです。

形あるものと形ないものの併存は、きわめて興味深い相反性つまりパラドックスを浮き彫りにします。こうした相反性やパラドックスに、私たちアルクトゥルス人はとても惹かれるのです。

超銀河的な存在である私たちは、主として五次元から九次元に存在しています。九次元よりさらに上昇するとアルクトゥルス人としての自己意識は変化し、より「光」に近い形になるのですが、私たちの大半は個の意識をそのまま維持するほうを好みます。

なぜなら私たちは、たえず自己意識をおとしめ消滅させようとする力が働いているなかで、個の自主性という歓喜を味わうことが楽しいからです。これは一風変わった芸の道で、私たちはそれを究めることに喜びを感じるのです。存在を楽しむことはアルクトゥルス意識の大きな特徴と言えるでしょう。

アルクトゥルス人に特徴的なもう一つの性質は、使命の追求です。私たちは戦いを好みませんが、恐れ知らずで勇敢です。自分たちより強大に見える勢力に遭遇したときにも、つねにその相手にふさわしい対処法やふるまい方をさぐり出します。

私たちはあなたがたの時間でいう何億年にもわたり、さまざまな銀河文明を体験してきました。その経験から言って、あなたがたの宇宙は並はずれたエネルギーや存在に満ちあふれています。そのなかには、形をもつ存在も、形のない存在もいます。博愛精神に富むものもいれば、邪悪な意図を持つものもいます。超銀河的な存在がすべて好意的なわけではありません。地球の兄弟姉妹の皆さんは、この点を見誤らないようにしてください。

私たちはこのような性質と状況が組み合わさって、護衛する守護者としての役目を担っています。私たちは博愛精神のもと、生命と知性と自由を進化させるためにいます。存在するものはみな、他者の自由を侵害しないかぎり自由であるべきだと信じているのです。

私たちが、多くの世界、とりわけあなたがたの家である地球とこの天の川銀河を守護することができるのは、それだけのテクノロジーを持っているからです。でも、ちょっと考えてみてください。天の川銀河《ミルキーウェイ》というネーミングはなんと魅力的なのでしょう（星空をながめ宇宙に思いを馳せた人々にとって、ミルクはどれほど貴重だったことでしょうか）。

ハトホルたちが最初に紹介してくれたように、これから私は自分の意識をはるか遠い昔まで広げて語ることにしましょう。

あなたがたの時間で何十億年も昔のこと、激烈な爆発からこの宇宙が生まれました。存在しはじめたときから、その性質は対立しあう力によって決定づけられていたのです。

超銀河文明としての私たちはおよそ一億年前に探査を開始し、この力の対立に興味をかきたてられました。そして私たちの技術開発は、相対立する力のあいだに潜在するエネルギーに関する探究が中心になっていきました。

九千万年ほど前に、私はあなたがたのいう宇宙船司令官になりました。この地位についた経緯や、天の川銀河を担当することになったいきさつは、私にとってそれほど重要なことではありません。重要なのは任務そのものです。

新たにこの宙域《セクター》における司令官の責務を担うこととなり、その立場に就いてみると、あなたがたの銀河にあるさまざまな世界や惑星に魅了されました。そしてこのときから、宙域司令官としての私の人生での選択が歴史の流れに関与することになったのです。私たちアルクトゥルス人は、必要とあらば行動をためらいません。もちろんすべての行動は、最善の結果を導くために可能なかぎり多角的に分析した上で決定します。しかしどれほど良い意図から起こした行動であろうとも、この宇宙では賭けになります。なぜなら、どんな行動にも対立する力が生じるからです。

でも、私たちが相反する力のパラドックスに惹きつけられることを思い出してください。私たちは、確実な結果のためには長い時間を要する可能性や、反対勢力が発生する可能性も考慮に入れて行動します。だからといって思いとどまることはありません。むしろそのようなことは私たちに大きな情熱を起こさせるのです。これはアルクトゥルス人の特徴で、ほかの文明ではあまり見られません。

あなたがたの宇宙は、皮肉なことにアルクトゥルスから約三十七光年も離れています。しかし天の川銀河に責任を負う宙域司令官に着任するとすぐ、私は生命と知性と自由を守ることを決意しました。前にも述べたとおり、それは私たちの性質と状況のなせるわざでした。私たちがほかの星系に文明をひろげる際、博愛の意志はつねに基本的な指針だったのです。

こうして私は天の川銀河の生命と知性と自由を守ることになりました。あなたがたの銀河はじつに多種多様な銀河文明が行き交う、途方もなく活発な交差点ですから、ほかの文明が何もしなかったわけではありません。にもかかわらず、私は自分のもてる力のすべてを投じて、この銀河の生命と知性と自由を最大限に守るという義務、責任、使命を強く感じたのです。

やがて私たちは並行宇宙にいざなわれることになりました。あなたがたの宇宙は数多くある宇宙の一つで、超空間に入ると隣接宇宙を体験することができます。私はいわゆる瞑想と呼ばれる深い意識状態に入り、この宇宙に内在するアンバランスに立ち向かうために必要な要素についてじっくり考察したのです。ここでいうアンバランスとは、反対の、あるいは対立する力の抗争や戦闘ということです。こうした力の抗争をもっと有益な関係にする道はないだろうかと、私はしばしば瞑想の意識状態で考えました。つねにアルクトゥルスの司令官としての仕事があったため、瞑想に集中できるのは勤務についていないときでした。そんな瞑想のなかで、あるとき私はシリウスを通って超空間に入りました。

シリウスを通ったといっても、宇宙船に乗ってスターゲートやポータルを通過したわけではありません。自分自身のある相を純粋意識の球体にして、超空間に送り出したのです。自分の一部を純粋意識の球体にして飛ばすことは、アルクトゥルス人なら普通にできます。さらに磨きをかけて育てる余地はあるにせよ、私たちには生まれつきそなわった能力なのです。

さて、とても長い話を短く縮めて言えば、私は天の川銀河《ミルキーウェイ》（口にするたび楽しくなります）にバランスをもたらすための手がかりを求めて、いくつもの隣接宇宙を探しまわりました。そうしてある宇宙空間に入ったとき、ハトホルたちに遭遇したのです。彼らはじつにユニークな性質と能力にあふれた、類いまれな存在でした。

ハトホルのエネルギーはもともと中性的です。つまり、本質的に極性のバランスがとれているのです。

彼らの存在は、あなたがたなら女性性と男性性と呼ぶだろう要素がほぼ完璧に釣り合っています。私としてはむしろ、電気と磁気のバランスがとれていると言いたいところですが。

ハトホルたちについてもう一つ興味深いのは、次元上昇《アセンション》のプロセスを集団で通過しているという点です。私たちアルクトゥルス人も次元上昇を経ていますが、それは集団としてでなく、一人ひとり自分の意志でそのプロセスをとげているのです。

私は彼らの住む宇宙に入ったとき、ひときわ進化している何人かのハトホルたちを、私の基地である宇宙船に招待しました。するとそれは私たち一同にとって非常に愉快な体験となりました。

ハトホルも私たちと同じように光の存在ですが、物質の中に宿ることはありません。私たちの宇宙船は必要なら三次元の時空間まで周波数を落とせますが、このときは五次元に存在していました。しかしハトホルたちは八次元と九次元にいたので、五次元はかなり窮屈だったにちがいありません。

身体のような形態、すなわち人の姿をとったときのハトホルは私たちより背が高く、約三・五メートルから四メートル余りです。いっぽう私たちの宇宙船内は、場所によって多少異なりますが、通路の高さは三メートルくらいなので、ハトホルたちが五次元の宇宙船に下りてくると前かがみにならなければなりませんでした。そのため、彼らは八次元か九次元にとどまるほうを好みました。

私はそんなハトホルたちをこの宙域のツアーに連れだし、天の川銀河をすみずみまで案内しました。めくるめくような無数の星々の誕生と崩壊や、銀河を構成する星間物質に彩られた宇宙の竈《かまど》をいっしょに眺めてまわったのです。

すると私もまさしくそうであったように、ハトホルたちはこの銀河の渦巻きの外縁に近い、とある小さな原始の惑星に惹きつけられました。水を豊富にたたえたその惑星は青味を帯びており、ハトホルたちはその色に魅了されました。その惑星こそ、まだ進化の初期段階にある地球だったのです。それからというもの、彼らが宇宙船のブリッジからあなたがたの太陽系とその惑星、とりわけ地球にじっと見入っている姿をなんど目にしたことでしょう。

そして地球の時間で百年ほどたった頃、私は彼らに提案をもちかけました。私の宇宙船にハトホルたちが滞在していた百年のあいだ、彼らのバランスのとれたエネルギーが、私の任務地であるこの宙域にどれほど好い影響をおよぼしてくれたかに関する私の考えを伝えたのです――私の頭はいつも使命のことでいっぱいでしたから。

彼らは、いったん故郷に帰って、それについて長老たちと相談したいと言いました。

ここで時間をひとまたぎして、今から一千万年前まで飛びましょう。そのころの地球は地質学的な激動の陣痛をくぐり抜け、ようやく一部の地域が安定してきたところでした。

私はその様子をしばらく見守ってから、この初々しい惑星に降り立ってみることにしました。

そこで母船よりもずっと小型の着陸船《シャトル》を、あなたがたがいま日本と呼んでいる土地の鞍馬山という山の上に据え付けました。私が降り立ち、飛び立ったその地点に、今では小さなお堂が建っています。

私はその土地で、進化の初期段階にあった人々と交流しました。そして銀河の旅人が新天地を訪れたときにありがちなことですが、私はそこで恋に落ちました。その女性は非凡な能力を持つ、地球ではいわゆるシャーマンと呼ばれるような存在で、次元を超えた世界を旅することができたのです。

私は五次元の存在であり、彼女は三次元の存在だったにもかかわらず、シャーマンあるいは宇宙の旅人としての彼女には並はずれた才能があり、私や乗組員たちの存在をはっきり感知することができました。しかも、その驚くべき力を使って自分自身を五次元の光の身体に転換し、私たちを周辺一帯に案内してくれたのです。やがて私たちは五次元において子供を授かりました。すると彼女はその特殊な能力で、私の種子の波動を三次元に運び込み、そこで女の子を産みました。

私は銀河全体におよぶ任務のため、彼女の出産を待たずにその地を去らねばなりませんでした。しかし宇宙の瞑想に入れば、いつでも完璧に彼女と会うことができました。

おそらく私が地球にこれほど惹かれ、ここまで深く関わることになったのは、その惑星に秘められた途方もない可能性ゆえでした。私の使命において、遠く離れた銀河の渦の辺縁にあるこの惑星がそのために非常に重要だと思えたからです。でも、もしかすると、そこに住む一人の女性と恋に落ち、彼女とのあいだに娘を授かったからなのかもしれません。

宇宙船の司令官であること、ましてや宙域司令官であることは、通常の人の基準をはるかに超えた個人的犠牲が要求されます。

彼女の名はイスラといいました。彼女に対する私の愛は一千万年にもわたります。彼女と私は、今も異次元で霊的に結びついていますが、物理的には離れたままです。

すでに述べたとおり、アルクトゥルス人は使命のために生きています。宙域司令官を引き受けたとき以来、その使命は私を動機づける圧倒的な光でした。ですからこのロマンスには私自身とても驚いたのです。思いもよらないことでした。彼女は一人の存在として私の心の奥を深く揺り動かしました。ゆえに個人的には彼女と娘を残して鞍馬山を去るのは耐え難いことでしたが、そのときの私には、使命のほうがはるかに大きくて重要だったのです。

アルクトゥルスの大勢の仲間たちが今、この話に耳をそばだてています……あなたがたの言葉でいえば、息をひそめて聞き入っている者もいるようです。

もし私がもういちど同じ状況になったら、やはり同じようにするでしょうか？

私には何とも言えません。

宙域司令官という私の任務は、これまでも今も一貫して私の行動の原動力でありつづけていますが、個人としての私の心に翳《かげ》りをもたらし、深い悲しみを感じさせてもいます。私たちアルクトゥルス人に共通する使命遂行気質とでもいうべき強い緊張感は、個々の心の叫びあるいは希求によって緩和される必要があるのだと私は思います。

そう、いま言った通りです。これは記録に残ります。

私は今も天の川銀河の宙域司令官を務めており、これから先もかなり長期間つづけるでしょう。しかし任務が完了したら、そのあとはもう引き受けません。私はイスラといっしょになり、あのとき鞍馬山に残っていたら生きたであろう人生を彼女とともに送るつもりです。私たちはこれからも光の存在でありつづけますが、九次元より上に行くことはないでしょう。そうしてしまうと、もう彼女に触れることもできなくなるからです。私は今でも彼女のぬくもりを忘れることはありません……

さて、私の使命のつづきを話しましょう。その後、ハトホルとの思いがけない冒険が待っていたのです。ハトホルたちは並行宇宙にある故郷から、シリウスのポータルを通ってまっすぐ私たちの宇宙船までもどって来ました。そして彼らは私の提案を受け入れ、さまざまな能力をもつメンバーからなるチームを、次元間航行が可能な一隻の宇宙船とともに派遣することを知らせてくれたのです。

私たちはシリウスの近くでハトホルの宇宙船と合流することにし、四隻で宇宙船団を組んで迎えに行きました。彼らを護衛するためです。なんといっても彼らは私たちの招きに応えて、まったく異質な、この数奇な宇宙にわざわざ来てくれる客人なのですから。

シリウスのスターゲートにハトホルたちの宇宙船が姿を現したとき、私はすっかり目をうばわれてしまいました。彼らの乗り物の構造はとても変わっているとは聞いていましたが、その宇宙船はじつに印象的で、オウムガイそっくりの形をしていたのです。しかも見たところ、何の武装もしていません。私にすればとんでもない話でしたが、これは驚くに値しませんでした。ハトホルの防衛手段とは、あらゆるエネルギー帯域を自在に上がり下がりできる能力のみだったのです。

ハトホルたちはけっして戦いに参加しません。戦闘が起こりそうになったら、ただその空間から姿を消してしまうだけです。こうした彼らのやり方は、私たちアルクトゥルスのそれとは著しく異なりました。

私たちの宇宙船には複雑なテクノロジーを駆使した兵器がずらりと配備されています。この宇宙において、私たちの宇宙船はもっとも守りが堅いと言えるでしょう……あくまでも、私たちがこれまで遭遇したなかではということを強調しておきますが。

アルクトゥルスとハトホルの連盟におけるこうした二面的な性質を、私はとても興味深く感じています。ハトホルは介入せず、私たちは必要があればためらいなく介入します。ハトホルは衝突を回避しますが、私たちは求められればそこから身を引くことはしません。ハトホルたちは愛と至福感の波動を帯び、存在そのものが出会う人への何より幸運な贈り物になるのです。

ハトホルの宇宙船が天の川銀河の宙域に滞在するあいだ、彼らはあなたがたの青い惑星に避けがたく引きつけられていきました。そしてまず立ち寄ったのが金星でした。そこには手つかずのエネルギーや大気ガスが豊富に存在し、天然資源を活用できることがわかったからです。

しかし、ハトホルたちの最大の関心の的は地球でした。そして一隻だけの彼らの宇宙船は、その後二百万年かけてデータや情報を収集分析し、ようやく主要グループを呼んでも安全だと判断しました。

ふたたび私たちの四隻の宇宙船団がシリウスのスターゲートまで出迎えに行きました。するとハトホルのオウムガイのような宇宙船が十三隻、この宇宙に入ってきました。私たちは護衛しながら金星まで案内しました。それからアルクトゥルスとハトホルの話し合いが始まり、ハトホルが地球に好い影響をもたらすための計画を練り上げていきました。

はじめハトホルたちはアトランティス人とも接触しましたが、おもな交流はレムリア人とのあいだでなされました。アトランティス人は頭でっかちだったからです。レムリア人は感性が発達していて、とても感情豊かでした。ゆえにハトホルにとっては自然な成りゆきだったのでしょう。

アトランティスとレムリアが滅びると、そこからさまざまな伝統を受け継ぐイニシエートたちが世界中に散っていきました。そのときハトホルたちは、夢に入る能力を身につけさせた特定のイニシエートたちを、現在ではエジプトと呼ばれる地にいざないました。ハトホルたちは実際には北アフリカ一帯にいる人々を導いたのですが、その影響力は今のエジプト付近にもっとも集中していたのです。

当時まだ黎明期にあった古代エジプト文明において、ハトホルたちはいわば種を蒔き、ハトホル女神の神殿を通じて働きかけました。これについては彼ら自身が語っているので（『新・ハトホルの書』ナチュラルスピリット）、ここでくり返すことはしません。しかし彼らと私たちの連盟が矛盾に満ちているのはとても面白いことです。思い出してほしいのですが、私たちアルクトゥルス人はパラドックスや相反性につきせぬ興味をおぼえるのです。

ハトホルたちは任務を展開するなかで、個人を超えた愛あるいは調和のエネルギーを放つ必要を感じたときは、いつでも私たちに協力を要請してきます。彼らが一定の周波数域にいるあいだの護衛を私たちの宇宙船に頼んでくるのです。たとえば、彼らがバランスを回復させるエネルギーを地上に送るには五次元に一定期間とどまってそれに集中しなくてはならないのですが、その間は無防備になり、こうしたエネルギーの支援を快く思わない連中に攻撃の隙を与えかねません。ですから私たちはハトホルがその仕事をなし終えるまでずっと防護しつづけます。さもないと、もし途中で攻撃された場合、ほかに防衛手段を持たない彼らはすぐに別の次元へと退避するしかありません。しかし私たちには備えがあるので、この協力関係はとてもいい組み合わせなのです。

ハトホルたちは調和とバランスの種を蒔き、それによって究極的に誰ひとり攻撃することも攻撃されることもない空間を生み出そうとしています。けれどもそれを実現するには、戦士による護衛が必要なのです。ゆえにこの協力関係において私たちは彼らの守護者であり、そしてまた彼らをこの宇宙に呼び寄せた私には公私ともに彼らに対する責任があります。

ハトホルたちは意識を一つに合わせてエネルギーのかたまりをこしらえ、それを解き放ちます。彼らは私たちのようなテクノロジーは使いません。ハトホルのテクノロジーは、光の領域の意図をじかに用います。そしてそのエネルギーを、働きかけようとする次元に振り向けるのです。

こうしたことのすべてが、いやおうなく歴史の今という時間に流れ込んでいます。勢力があれば、その反対勢力もあります。なかにはあなたがたの幸福などまったく意に介さない集団もいます。そういう者たちは、生命と知性と自由を育むという私たちの決意をけっして共有しようとはしません。それどころか、実際には逆の方向を目指しているのです。

そして、今この時期に地球に生きているあなたがたは、変遷する世界の証人であり、ある意味では共同創造者でもあるのです。

これを読んで、私たちが何を言いたいのかと疑問に思う人もいるかもしれません。もしあなた自身が今この瞬間にも、人間としてはるかに高い潜在力を発揮することができるとしたらどうでしょう。

あなたは今、あなたがたを解放しようとする勢力と、封じ込めようとする勢力の闘いの渦中にいます。そこには介入しようとする存在たちもいて、介入が起こることもありますが、私はあなたがたにアルクトゥルスのテクノロジーについて次のことを理解しておいてほしいのです。

宇宙船を別の次元に移すには膨大なエネルギーがいります。乗り物の原子構造を五次元から三次元へと変換するためには、きわめて高度な技術が要求されるのです。私たちにはそれだけの備えはありますが、かなり差し迫った状況にならなければ実行はしません。言い換えれば、私たちが五次元空間から三次元空間に移行すれば、あなたがたには私たちの姿が見え、肉体のあなたがたと遭遇できるのですが、宇宙船内の私たちのエネルギーシステムには極度の負荷がかかることになるのです。

それよりはずっと穏やかで洗練された介入の方法があります。その一つは夢によるものです。夢を見ている時間は、思考活動が休止した意識状態にあります。瞑想状態と呼んでもいいでしょう。この種の状態とは単なる現実からの逃避や意識の浮游でなく、頭と心がある波動域にチューニングされていることで、そこでは私たちとのコミュニケーションも可能になります。

冒頭でもお話ししたように、言葉というのはかなり原始的なコミュニケーション手段です。けれども私たちは実際的な種族であり、必要ならそれを使います。ですから、あなたがたに伝えたいことの本意を言葉で表現してみたいと思います。

あなたがたは嘘をつかれ、操られてきました。本当のあなたよりずっと卑小な存在だと思い込むよう条件づけられてきたのです。目に覆いがかけられているので、自分の住む宇宙の広大な豊かさが見えません。

そして銀河を超えた兄弟姉妹たちとの、心と心、思念と思念の交流が断ち切られてしまっています。銀河を超えた兄弟姉妹たちとは、アルクトゥルスやハトホルに限ったことではありません。もっとずっと多くの文明が地球人類に接触しているのです。

人間であるあなたがたは超銀河的な貴族です。なぜならじつに多種多様な超銀河文明から種子を受け継ぎ、たぐいまれな素質や才能を宿しているからです。ただし今のところ、それらは休眠状態で、DNAの使われていない部分に存在しています。

アルクトゥルス人の私から見ると、あなたがたが自分を小さな存在だと信じて貶《おとし》めていることはまったく道理にかなっていません。これについては宗教に大きな責任があります。地球上の多くの宗教が作り上げてきた嘘は、生命と知性と自由の発展を阻害しています。

そこで、あなたが真の人間としての潜在力を取りもどしたいと望むのであれば、第一に向き合うべき課題は自分自身の浄化です。まずはあなたの心と頭から、そして細胞の記憶から、宗教によって塗り固められた嘘をきれいに洗い流す必要があります。

では、アルクトゥルスのテクノロジーに話を戻しましょう。私たちのテクノロジーは多くの相あるいはレベルで高度に発達しています。その一つに、寿命に関するものがあります。

私たちのような何百万年もの命は、地上に生きるあなたがたから見れば不可能とはいわないまでも信じがたいことでしょう。すでに述べたように、アルクトゥルス人は五次元から九次元にいます。しかしその文明の大半は五次元に存在しており、光の特性を活用したり、素粒子の力や量子の作用を使った、対立する力を制御する技術などが開発されています。

私たちの五次元の身体の寿命は、自然の状態ではあなたがたの時間で数千年くらいです。けれども私たちは超銀河文明になる前から、すでに再生《リジェネシス》の技術をマスターしていたのです。私たちにとってこれは肉体の再生という意味でなく、五次元の身体を若返らせるということです。

この再生技術のおかげで、私たちは身体機能を超低温で仮死状態にしなくても、宇宙を探索できるようになりました。両端が丸いカプセルのような再生チェンバーがあって、私たちは人生のなかで時折、そこに入ります。困難な任務についたり生命力を使い果たしたような場合は、より頻回に入ります。こうした再生技術によって、私も何百万年、何千万年という時を生きていられるのです。もしわずか数千年という寿命に制限されていたなら、これほどさまざまな意識の次元を探求する能力を発達させることはとうてい不可能だったでしょう。

そして私は高次元の身体をいろいろと探究するうちに、九次元のエネルギー状態が自分にいちばん合っていると思うようになりました。ここ九次元では、まだ身体の形やアルクトゥルス人としての自分も残っていながら、より高次元である光の領域にもたやすく入っていけるからです。

九次元の現実に存在を落ち着けると、私は発光するようになり、そのために「次元上昇《アセンデッド》したマスター」と呼ばれたりもします。ここが、とても面白い知覚のパラドックスが生じてくるところです。

私は白い長衣をまとっているわけではありません。宙域司令官である私は、いつも制服を着ています。

しかし私のエネルギー場は白く光り輝いています。それは単に物理作用によるものです。九次元より低いエネルギーの状態にある、たとえば五次元に存在しているアルクトゥルス人からは、私の周囲にやわらかな光の放射が見えます。そして三次元の存在なら、私の姿に圧倒されてしまうこともあります。私は自分の存在を五次元から九次元まで変えられるため、たまたま私の姿を見て誤解した人もいます。

私にカリスマ性がそなわっていることは事実です。また、私の光の身体がまぶしいこともその通りで、とくに次元の低い現実ではその光が強烈に感じられます。私が次元をいともたやすく行き来できるのも事実です。けれどもこれらの性質はみな、アルクトゥルスのテクノロジーに私の探求が加わった結果なのです。再生技術がなければ、そんな能力を発達させる時間もありませんでした。

さらに、私と出会った人が私をどう体験するかは、その人自身の進化にもよります。量子力学や光のテクノロジーを知らない人には、私はあたかも神のように見えるでしょう。

私がある次元に現れ、また消えたように見えるかもしれません。しかし、それは私の周波数が変化しているだけなのです。周波数の変化はアルクトゥルスの装置と、私の意図の相互作用によって起こります。その装置がなければ、私もこれほど次元を自在に転移することはできません。私はその装置をつねに携帯しています。宇宙船にはさらに大型の装置があり、必要に応じて、または指示にしたがって、宇宙船の分子構造の周波数を上下させることができます。個人用の小型装置も同じようなメカニズムです。

残念ながら、次元上昇したマスターに関する誤解が広く蔓延しています。私についても誤解があります。それはなぜかというと、波動が低いために知覚と認識力が制限されている状態で私に遭遇すれば、よほど知性が高いか経験豊かな人でないかぎり、妄想のような思い違いをしてしまうからなのです。

私のカリスマ的なエネルギーから、また高次元の身体を構成する光の強烈さから、そして超自然的な力をそなえているように見えることから、私に出会った人は、意識にとっていちばん油断ならない最大の罠《わな》に陥りがちです――何らかの存在を崇拝するという罠に。

私が博愛的なのはアルクトゥルス人の気質ゆえです。私が守護者であるのは、それが自分の性質であり使命だからです。確かに私は生命と知性と自由の発展を守っていますが、だからといって全知全能ではありません。私には限界もあれば弱点もあります。

これは私だけでなくすべてのアルクトゥルス人や銀河の存在に言えることですが、自分の限界というのはある部分、その文明におけるテクノロジーの進化レベルと、存在する潜在力をどこまで認識しているかによって枠づけられます。つまりその存在の性質とテクノロジーが相互に作用しあって、博愛的な展開になることもあれば、邪悪な意図を生むこともあるのです。

あなたがたが地球外知性体と呼ぶような存在のなかには、高度に進化したテクノロジーを持ちながら、その性質がきわめて怪しい者たちもいます。彼らは驚くほど傲慢であると同時に、強力なテクノロジーを駆使できるのです。こういった組み合わせは、私たちから見るとはなはだ不健全です。

あなたがたの宗教にみられる復讐心に燃えた「神」はこの部類に入ります。慈悲深い神々を讃える宗教のほうが、私たちにはより好感が持てます。

しかし私が言いたいのは、彼らはもはや「神」ではないということです。私が神でないのと同じで、未発達な人々の限られた知力によって認識され、神にされてしまっただけなのです。みずからが低い次元にいながら高次元世界の性質を正確に知覚することは、不可能ではないにしても容易ではありません。低い次元で経験できる高次元存在との出会いと言えば、エネルギー的な衝撃がもたらす余波効果と、その次元特有の制限がかかった知覚体験だけなのですから。

ここで、ある博愛精神に満ちた存在の名に触れておきましょう。あなたがたがナザレのイエスとして知る存在です。私はアルクトゥルス人である彼をよく知っています。私の知るアルクトゥルス人のなかでも、彼はもっとも慈愛と善意にあふれています。そしてアルクトゥルスのテクノロジーを、誰もなし得なかったようなやり方で用いました。おそらく、それについては彼自身から話があるでしょう。

このような言葉を読んで、信仰の危機に直面する人もいるかもしれません。あるいは認知的不協和（訳注／矛盾しあう認知を同時にかかえた心理状態）を体験する人のために言っておきますと、彼がアルクトゥルスのテクノロジーを使ったことは、彼の偉業を打ち消すことにはなりません。むしろ彼は、その性質と意図のために高められました。そのことは地球の兄弟姉妹である皆さんも同じです。あなたがたの性質と意図が、あなたがたの初歩的テクノロジーと相互作用しながら結果をつくりだしているのです。

人類の歴史をさかのぼって説明してみましょう。車輪が発明される以前、世界はずいぶん今とは違い、物を移動させるのは大変な難事でした。けれども、人の性質や意図はみなまちまちでした。これは今でもそうで、いつの時代も変わりません。善意や思いやりを持ち、自分だけでなく仲間を気づかって大事にする人たちもいれば、自己陶酔的で自分のことしか眼中にない人たちもいます。そして車輪の技術は、そのどちらの人々にも影響をおよぼしたのです。

人類の進化は時とともに速度を上げていき、やがて産業革命と呼ぶものが起こりました。その後ますます加速し、今や情報化時代に突入しています。それでもこの原理は変わりません。いつの世も、その時代のテクノロジーを博愛的な目的に使う人たちがいて、自分たちと同じようにほかの人々のことを気にかけます。それと同時に利己的な人たちもいて、あなたがたの最先端テクノロジーを自分の利益のためだけに使い、ほかの人々、ほかの生命、地球そのものがどうなろうと気にしません。

私は今、矛盾したことを言いましたね。さきほどは「あなたがたの初歩的テクノロジー」と言い、今度は「あなたがたの最先端テクノロジー」と表現しました。これはあなたがたにとって今の科学技術は加速しつづける魅惑的な巨人であると同時に、私たちの基準からは初歩的なレベルだということです。とはいえ、人類の集合的ステージは急速に進化し、惑星探査や、ついには銀河探査へも乗り出しつつあります。

しかし、人類の文明の螺旋《らせん》にも前述の基本原理は当てはまります。あなたがたは宇宙の博愛的な力、あるいは邪悪な力のどちらになっていくのでしょうか。


コミュニケーションについてお話ししましょう。まえにも言ったように、私たちアルクトゥルス人が好むコミュニケーションは、あなたがたのいう「瞑想の意識状態」を通して人々と交流することです。私は宇宙の瞑想とでもいう状態で、シリウスから隣接宇宙まで探求していることはお話しした通りです。こうした瞑想の意識状態がアルクトゥルス人どうしのコミュニケーションにも使われています。

あなたがたの頭部の中心に、松果体という知覚器官があります。知覚器官といっても五感による知覚ではありません。それは別の意識次元からの情報を知覚するための器官なのです。思考が静止した穏やかな状態に入って意識を松果体に集中すると、宇宙情報の受信機としての潜在能力が活性化されます。

これはちょうどラジオやテレビのチューナーのようなものです。ある特定の周波数に合わせることで、その周波数帯で放送されたあらゆる情報が入ってくるのです。あなたがたの宇宙はそうした情報の宝庫です。そこは波動が押し寄せる海であり、知識と情報があちこちの宇宙を飛び交っているのです。松果体を通じて受信される情報は、光速にも制約されません。それは一瞬で伝わります。いわば宇宙の会話をキャッチし、聴きとることは、あなたがた人間にそなわった潜在能力の一つなのです。

こうした情報の領域に入っていくことには、それなりの責任がともないます。ですからその危険性を伝えたうえで、もう知っている人もいるかもしれませんがコミュニケーションの方法をお話ししましょう。

頭が混乱したり感情が波立ったりしているときは、宇宙の会話にふさわしくありません。なぜなら感情の波動は、情報の質と正確さに影響してしまうからです。そういうときに何らかの交信や一連の情報あるいは知識を受けとっても、正確なものとはかぎりません。

くり返しますが、地球外知性体には博愛的な存在もいれば、邪悪な存在もいます。さらに加えると、きわめて優秀で知性的なものもいれば、はっきり言って無知で愚鈍なものもいます。

もし私たちアルクトゥルス人とのあいだに心の橋を架けたいと思うなら、いくつか習熟してほしいことがあります。あなたがたの中にはすでにつながっている人もいると言いましたが、そういう人はとりたてて思考の静寂状態に入らなくとも私たちと接触することができます。そのままでグノーシス（霊知）あるいは神秘的直観が得られるでしょう。しかし多くの人々は、心の橋を架けるにはまず思考を鎮めなくてはなりません。頭や心を静寂にするための方法は、じつに数多く存在しています。あなたがたの古代から伝わるヨガの瞑想にもさまざまなアプローチがあります。

ここで、銀河を超え、種を超えたコミュニケーションという壮大な実験に乗り出してみましょう。この方法は、動物たちとのコミュニケーションにも使うことができます。

たいていの人にとって、いちばん簡単なのは呼吸を使うやり方です。吸う息と吐く息を意識するだけでいいのです。重要なのは、呼吸のリズムを変えないことです。ただ呼吸の動きについていってください。そして息をしながら、吸う息と吐く息の合間に意識を向けます。そうするうちに、やがて呼吸が浅くなってくることに気づくでしょう。これは心身が鎮まってきたということです。それが起こるにまかせてください。あなたが起こさせるのではありません。辛抱強くつづけてください。

呼気と吸気の継ぎ目に注目していると、その合間がだんだん長くなっていくでしょう。呼吸が途切れたり、あるいは止まったりするかもしれません。心配しないでください。呼吸はちゃんと求めに応じてまた始まります。

息が消えそうになったり止まったりしたとき、あなたは静謐の瞬間に入っています。そうしたら、頭部の中心にある松果体に意識を向けます。ここからは二つの焦点、つまり吸う息と吐く息の合間に加えて、松果体にも同時に気づきを保つようにしてください。そうすると、さらに深い静寂に降りていけます。

はじめは、頭と身体を鎮める練習をくり返しかさねる必要があります。そして自然にできるようになったら、最後に三つめの要素を追加します。松果体に意識を向けるときに、心の橋を意図するのです。あなたとアルクトゥルス人やつながりたい相手とのあいだに、心の橋が架かるという意図を持ってください。そこから心象や知覚が流れ込んでくるでしょう。その内容について考える必要はなく、やってくるものをただ受けとります。

　これに習熟してくると、あなたはいわゆるチューナーのように、つながりたい波動域にぴったり合わせることができるようになります。さらに経験を積むうちに、波動の質や感触を識別し、自分が正しい波動域にいるかどうかもわかるようになります。

　あなたの受信者としての責任をここで明確にしておきましょう。まずはじめに、意図する特定の波動域に合わせることをマスターするまでは、あらゆる種類の心象や知覚を受けとる可能性があるということを知っておいてください。そこには純粋なものもあり、不純なものもあります。正確なものも、間違ったものもあります。

　あなたに何かを強要してくる存在に遭遇したら、関わらないようにしてください。主体的意志はあなたがたのもっとも重要な力の一つで、それを人にあずけてしまえば、あなただけでなく人類全体に害をおよぼすことになります。このことは、あなたがたが霊的存在と見なしているものについても当てはまります。先にも述べたように、そうした存在を知覚したときの心象は、往々にして次元の違いから生じるものにすぎません。

銀河を超え、種を超えたコミュニケーションという壮大な実験に乗り出すことを選ぶとすれば、あなたはそこで生じるものごとの責任も引き受けることになります。くどいことは好まないので何度も言いたくはないのですが、これはあえてくり返します。**あなたの責任は重大です。**

この情報は私の博愛的な意図からお伝えしています。そうすることが生命と知性と自由を育むことになると確信しているからです。しかしこの情報をあなたの側でどう受けとるかは、あなたの創造であり責任なのです。ゆえにこの事実が明確に理解できないうちは、この壮大な実験にはとりかからないようにしてください。

人類の歴史

イスラという名の、たぐいまれな才能と知性をもつ女性について先にお話ししました。そのような資質に、私たちはとても惹きつけられます。アルクトゥルス人はすぐれた人々とつながることを好むのです。私は彼女と恋に落ちました。それは地球の時間で約一千万年前のことで、ホモサピエンスよりずっと昔の話です。

イスラは実際には五次元の存在で、三次元に転移する実験をしていたのです。彼女は「エフェメラル」(ここでは形容詞でなく名詞です)と呼ばれる存在でした。その何千万年も昔から、地球上には五次元以上の存在がいたのです。エフェメラルたちは本質的に希薄ではかない存在だったので、地殻変動の影響もさほどこうむりませんでした。彼らは物質の性質をいろいろと実験しているうちに、とりわけ冒険心と好奇心に富む勇敢な者たちが、あるとき試しに三次元の肉体に入ってみたのです。そしてほんのつかの間、三次元の肉体にとどまって、すぐにまた五次元やそれ以上の状態に戻りました。エフェメラルたちのあいだでは、三次元の肉体にもっと長くとどまるとどんな恩恵があるのだろうかと、ずいぶん議論が交わされました。その内容はおもに三次元に存在することの危険性や限界についてでした。

前にも言いましたが、イスラと私は五次元で出会いました。五次元の空間でも私たちには形があったのです。五次元においてもあなたがたのような物質的な身体はあるのですが、その物質の振動が三次元の身体に比べてはるかに高速なのです。

超銀河の存在である私とイスラは愛しあい、私の種子を受け入れた彼女は、自分の波動を三次元まで落としてその状態をつぶさに体験したあと、子供と一緒に五次元に戻ってきました。その子はアルクトゥルス人とエフェメラルが融合した存在であり、地球の存在でもあったのです。エフェメラルの多くがそうであるように、イスラは人間によく似た姿をしていました。

いよいよ話は、あなたがた地球人類のみごとな変異と、知られざる生物学的ルーツに入ります。

ここで話しているのは、ホモサピエンスの出現さらにネアンデルタール人よりも古い、何百万年も前の時代のことです。いま述べたように、エフェメラルのなかに実験的に三次元に降りてきた者たちがいました。そこにはある一定の時間枠があり、その間なら三次元の空間に生物としてとどまって、ふたたびもとの高次元に戻ることができました。しかしその期限を過ぎてしまうと、その生物の肉体の中にいわば囚われてしまうことになります。

はじめの頃はエフェメラルたちも、五次元から三次元に飛び込む実験において、この限られた時間枠のことをよく理解していました。ところが何千年、何万年と次元降下を試しているうちに、やがて無神経で不注意な者も出てきました。

ネアンデルタール人より前の時代、エフェメラルたちは動物の肉体に入ると、その生物的神経系をとおして世界を知覚できることを発見したのです。このときも時間枠はあり、三次元の現実に安全にとどまっていられたのはその期間だけでした。

しかし哺乳類の肉体の中にちょっと入ったときに、驚くべき生物的体験をした者たちが現れました。その体験とは、あなたがたがセックスあるいはオルガスムと呼ぶもので、エフェメラルたちは存在の最高にすばらしい境地を見いだしたのです。そしてそれにすっかり魅了されて惑わされ、現実の時間枠を忘れて動物の肉体にとどまる者が出てきたのです。こうして、一部のエフェメラルたちは三次元に閉じ込められたまま、五次元に戻れなくなってしまいました。

この頃、つまりあなたがたの時間で一千万年前から百万年前頃までの時代は、多くの超銀河文明が地球世界に接触していました。

ここで話はとても複雑になります。かなりユニークな違いを持った、新しい哺乳類の一団、つまりあなたがたのいう新種が出現するのです。この違いというのは人間に先行する種の発達に関係しています。

ついでに言えば、人類の系統樹の一部は海にさかのぼります。人類のなかには、海のほうにずっと親和性があり海洋生物として進化した者たちもいます。彼らは空気を吸い、人間のような姿をして、海洋哺乳類のクジラやイルカと並行して進化しました。そうした存在たちはおおかた絶滅してしまいましたが、今日でもまだいくつかの種が小さな群れで生存しています。彼らは人魚や半魚人などと呼ばれており、けっして神話の中でだけ生きているわけではありません。しかし、現に存在している彼らも、今やこの世から姿を消そうとしています。

人間に先行する種とは、ここではネアンデルタール人に先行する種という意味ですが、それには意識の違いから二通りの存在がありました。一つは純粋な哺乳動物である初期霊長類で、もう一方はずっと数は少ないですが、それらの肉体に封じ込められたエフェメラルたちでした。

明確にしておくと、二千七百万年前から一千万年前までにあたる時代、エフェメラルは五次元の現実に存在していました。そして三次元の地球世界に降りてくる実験を始めました。彼らは意識を探究していたのです。その後、一千万年前に私がイスラと出会ってから、一部のエフェメラルのなかに波動を下げて動物、特に初期霊長類の生物的現実に入ることを試す者たちが出てきました。

そして、ここ百万年というきわめて興味深い時代に入ります。それは銀河を超えたさまざまな文明が、地球という惑星にもっとも魅了された時代でもありました。なぜなら、そこには初期の知性が芽生えはじめていたからです。それは進化における生物的作用の結果でもありましたが、それらの生物の中に少数のエフェメラルが存在していたためでもあったのです。古代ギリシャ人は、このような存在をニンフと呼びました。

地球は地殻変動のおかげで豊かな鉱物資源にめぐまれています。今からおよそ四十万年前、アヌンナキとして知られる超銀河文明の種族がこの惑星に目をつけました。大気が劣化していた彼らの星では、環境を安定させるために金が有効であることを科学者たちが突きとめました。そして金を見つけだす任務を帯びた遠征チームが探索に出かけ、あなたがたの惑星に存在する豊富な金の鉱脈を発見したのです。当時は今よりもはるかに大量の金が眠っていました。

そこで彼らは採掘チームを地球に派遣しました。そのチームはアヌンナキと、ロボットのような坑夫で組織されていました。ところが何世紀か採掘をつづけるうち、アヌンナキにとって不愉快な事実が判明しました。地球の太陽との関係やその大気は彼らに有害なものだったのです。

アヌンナキたちは解決策をさがし求めました。そしてめざとい彼らは、付近を歩きまわる哺乳動物のなかに、ほかより知能の高い者たちがいることに気づいて、これは使えそうだと考えました——まさかそれらの霊長類が、囚われたエフェメラルだとはつゆ知らずに。その瞳に宿る輝きのほか、高い知性を示すものは何もなかったのです。

アヌンナキの科学者は異種交配の実施を決断しました。自分たちのDNAから特定の性質をとりだして、選んだ霊長類とかけ合わせ、こうして創造されたのが人間なのです。この新種の霊長類は、より知能が高く自発的でしたが、簡単にアヌンナキの意のままになりました。そして危険な試みはさらに複雑になっていきます。

アヌンナキたちは、金の採掘が完了したら交配種をすべて処分することに決めていました。ところが、その決定にそむき、お気に入りの数人を生かしておくアヌンナキもいたのです。小さな霊長類たちにしてみれば、アヌンナキはまるで神のような存在でした。

その後、アヌンナキたちが地球から立ち去ってしまうと、あとに残された新しい霊長類は自分たちだけでなんとかやっていくしかなくなりました。このとき、さまざまな宗教の種子が生まれました。いわゆる「エデンの園」からの追放もその一つです。

アヌンナキがいなくなったあと、交配種である人間に、数多くの超銀河文明が接触してくるようになりました。その結果、銀河を超えたさまざまなDNAが人間の遺伝子プールに投じられたのです。地球人類が超銀河的な貴族だと言ったのはそのためです。あなたがたは二十三か二十四の宇宙文明から影響を受けています。

ですから、あなたがた現代人の無意識の記憶層には二つの重要な情報が混入しているのです。無意識の情報が厄介なのは、知らないうちに意識的な行動を起こさせてしまうという点です。この二つの情報とは、あなたがたの中のエフェメラルから流れ込んだものです。

その一つは、はるか有史以前に囚われの身となったエフェメラルが感じた、物質に閉じ込められてしまった感覚と、故郷に帰りたいのに帰れないという無力感です。それがあなたがたの根底にあるのです。この囚われは重力に起因しています。エフェメラルが五次元から三次元の世界へと降りてきたとき、その光の身体は質量を持つようになりました。質量をもつものは重力に影響されます。そのため、あなたがたの集合無意識の奥深くに、物質に封じ込められた閉塞感や、いくら故郷に帰りたくてもどうにもならないという感覚があるのです。

そしてもう一つの情報の流れは、アヌンナキが奴隷人種を生み出す目的で実施した遺伝子操作に関係したものです。それがもとで神々との「正しい関係」を切望するようになり、服従し、崇拝してしまうという傾向が人間の無意識の奥に存在しているのです。それは、高いと仰ぐ存在の実体や本質をきちんと見きわめていないからでもあります。

さて、アヌンナキによる遺伝子操作のあと、ほかにも多くの超銀河文明が地球人類に接触してきたことはすでにお話ししたとおりです。そのなかには、みずからの資質や能力の一部をあなたがたに分かち合いたいと望んだ存在たちもいました。それが地球人類にとって最善のことだと信じたからです。しかしすでに述べたように、肯定的な意図がつねに肯定的な結果につながるとはかぎりません。

いずれにしても、人類に集合的にそなわっている性質の多くは遺伝的な贈り物の結果です。さらに付け加えるなら、あなたがたの対立抗争には歴史的な背景のみならず、それぞれの地域ごとに支配的な異星人の遺伝系統が異なることで、いっそう激化しているケースもあるのです。

問題は、ここからどこに向かって行くのかが遺伝系統によって異なるということです。人類は「一つの全体」であるという見方も存在しています。しかし実際のところ、地球人類にはたがいに相容れない派閥があり、それらは文化、宗教、政治レベルで異なるというだけでなく、文字通り遺伝的にも正反対の立場にあるのです。

この時代にひそむ可能性

人類の調和を図るために人間を均質化しようとすることは、地球上の抗争の賢い解決法ではありません。それよりはるかに好ましく、人類にとって最善なのは、これまでの異星人の介入や超銀河文明の真相がすべて白日のもとにさらされることでしょう。もし人類がみずからの超銀河的な起源を理解して、文明の違いが歴史的な背景のためだけでなく、それぞれ異星人の遺伝的ルーツが異なるからだと認識すれば、人類はもっと見晴らしのよいところに立てるはずです。この状況の知性的な解決策とは、全面的な情報開示です。人類の起源が宇宙にあるという真実を隠しておくのはじつに愚かしいことです。

地球の平和が実現しておらず意気消沈している人は、世界の人々や文明のあいだの違いをもっと注意深く見るといいでしょう。

真実を言うと、すべての集団がそれぞれに銀河を超えた独自の起源を理解すれば、地球上の対立抗争を解決する道が開けてきます。今日の西洋と中近東の葛藤も、単に文化、思想、言語、価値観、宗教の違いから来ているだけではありません。それぞれの文明における超銀河の遺伝的ルーツが、何かしら調和していないのです。この事実に気づくことが、より知性的な解決を可能にするでしょう。

根本的な違いなど存在しないかのように見なすことは、何の解決にもなりません。私たちアルクトゥルス人は、前にもお話しした通り、相反性に興味があります。力の対立が私たちを思いとどまらせることはありません。むしろ対立する力の統合は、往々にして創造的な解決へと導くものです。それは文化的な葛藤に直面している地球の苦難にも言えることです。

地球の歴史におけるこの稀有な時代、人類が進化するための機会は数多く存在しています。そこには、人類のＤＮＡや精神神経系のプロセスに作用する宇宙エネルギーに関するものもあります。あるいは太陽の活動と磁場の異変、地球磁気圏との相互作用からくるものもあります。しかも天の川銀河の中心で発生したエネルギーが、新たな可能性を活性化させてもいます。これらはいずれも外部からの力や知性体によるものではなく、宇宙のメカニズムによる宇宙のタイミングで起こることです。

人類進化の機会が到来しているということは、尋常でない超銀河的な交流からもわかります。あなたがたの太陽が変化して、人間の科学技術が遺伝子組み換えや惑星探査を可能にするところまで進化したということは、超銀河的な視野でいうと、地球人類は歴史的ルネサンスか、もしくは大災厄《カタストロフィ》かの瀬戸際に立っているのです。ゆえに今の地球は、銀河を超えた知性体たちにとって大いなる関心の的となっています。そのため、あなたがたの太陽系はいま大勢の来訪者で非常に混み合っているのです。

あなたがたの超銀河的なルーツという真実がはたして合意された現実になるかどうかは、いまだ定かではありません。人類を支配し操作している勢力は、この情報が広く知れわたることを望んでいません。なぜなら、そうなると歴史が書き換えられ、彼らのパワーはなしくずしに弱体化させられ、彼らが設定した枠組みが根底から崩壊するのがわかっているからです。

しかし、地球世界がこの真実を受け入れるかどうかはともかく、あなた自身が論理的に推察し、宗教にひそむ嘘や矛盾を周到に見きわめて検証することはできます。もっと冒険してみたければ、超銀河の存在たちに直接コンタクトして確かめてもいいでしょう。

私はさきほど、ほかの銀河や宇宙文明の存在と、瞑想状態でコンタクトする簡単な方法を紹介しました。今度はそれをもう少し広げてみましょう。地球外からの訪問者を知覚する準備ができた人のために、彼らを見分ける方法をお伝えします。

しかしその前に注意事項があります。すでに述べたように、銀河の内外を問わず宇宙の存在たちは玉石混淆《こんこう》です。博愛的なものも、そうでないものも存在します。卓越して知性的なものもいれば、そうでないものもいます。あなたがたの太陽系や地球周辺の空間はそうした訪問者でごったがえし、過密状態ですが、その内実はいわば寄せ集めです。あなたの知覚の窓を開こうとするなら、善意の存在と悪意の存在、そしてすぐれた知性の存在と愚かな存在が識別できなければなりません。

何より注意すべきことは、これも前のくり返しですが、何度言っても言いすぎではありません。**地球外知性体との交信が始まっても、その存在が何かを強要してきたら、そこで交信をやめてください。あるいは、なにか特定の概念やイメージを完全無欠の真実として伝えてきたら、その信憑性を疑ってください。**

そうした存在を崇拝したくなる人間の罠にはまらないよう、くれぐれも注意してください。自分より相手のほうが上に見えたとしても、それは低い次元の空間からより高い次元の現実を見たときに生じる知覚のゆがみのせいです。つまり自分が三次元のみの存在だと知覚していると、五次元やそれ以上の次元の存在は魔術的な能力や超自然的パワーを持っているように見えるのです。しかし、だからといってそう結論してしまうのは誤りです。それは高次元存在のテクノロジーが、あなたの側でゆがんで知覚されているというだけの話です。

くっきり晴れわたった夜空は、地球外からの訪問者や乗り物をじかに知覚するのに最適です。はじめのうちは、瞑想の意識状態で交信するときと同じようにします。好きな星を一つ選んで、じっと見つめるといいでしょう。選んだ星はあなたの遺伝系統に関係していることが多いのですが、そうでなかったとしても、コンタクトを始めてみるにはとてもよい方法です。

両目を開いて宇宙の奥を眺めつつ、選んだ星に焦点を合わせてみてください。そして吸う息と吐く息の合間に意識を向けます。目は開けたままで同じ星を見つづけます。吸気と呼気の継ぎ目は徐々に長くなり、呼吸が浅くなってくるでしょう。あなたの意識はより受容的になり、異なった知覚を受け入れやすくなっています。準備ができたと感じたら、頭の中心にある松果体に意識を向けます。そのあいだもずっと星を見つめ、呼吸の合間を意識していてください。そして、地球外からの訪問者と交信し出会う準備ができたというあなたの意志を、広大な宇宙にただ送りましょう。

この簡単な方法をしばらくつづけていると、やがて空に見たことのないものが見えるようになってきます。あなたは催眠状態から目覚め、地球を包んでいる膜の向こうに、想像していたよりはるかに複合的でずっと豊かな宇宙を見ることになるでしょう。まさか存在するとは思いもしなかった世界が広がっているのです。

もういちど重ねて警告しておきましょう。ほかの次元世界に住む存在たちは、神のように超自然的な力を持っていると見えるかもしれません。さらに注意すべきなのは、地球外知性体のなかには崇拝されて喜ぶ者もいるということです。そのような存在には関わる価値もありません。崇拝という罠にはまって、救いに来てくれたなどと信じ込まないでください。多くの訪問者はもっぱら好奇心から、ここで展開しつつあることを見ようとはるか遠い宇宙からやって来ているのです。

あなたの目から覆いが外れたときに現れる、驚くべき光景にそなえてください。この覆いとは、文化的制約によって強化された知覚の習慣にすぎません。あなたが過去の「文化的制約」と訣別したとき、目から鱗が落ちるようにすべてが明らかになるでしょう。

充分な数の個人が世界の見方を変え、生き方を変えたとき、意識の革命が起こります。この意識革命という未来の可能性は、あなたがたの今と同時に存在しているのです。知的視点をわずかに前方に傾けるだけで、あなたは喜びに満ちて未来に滑り出していくでしょう。

フレフィオス

2

エクタラ

アルクトゥルスの科学技官

私はエクタラという名で知られています。アルクトゥルスの宇宙船の科学技官として、あなたがたの太陽系を含む天の川銀河の宙域を担当しています。

コミュニケーションにおいて、言葉という媒体には限界があります。私たちアルクトゥルス人はおもに五次元に存在しているため、会話のほとんどはテレパシーによるホログラムのやりとりで行います。そうした思考イメージには、単語にもとづく言語表現よりもずっと大量の情報が含まれているのです。

しかし私たちは実用を重んじるので、たとえ原始的であろうと使える伝達手段を用いたいと思います。

アルクトゥルスの集合的文明は五次元を本拠地としていますが、さらに高次元の現実に移行している者も少なくありません。一般的に言って、アルクトゥルス人が住めるいちばん高い周波数域は九次元です。そこは五次元よりはるかに高次の世界です。そしてそこには、私たちの文明において傑出した人物が住んでいます。その名はサナート・クマラで、彼はあなたがたが天の川銀河と呼ぶ宇宙の象限ないしは宙域を管轄しています。

あなたがたと同じように、私たちアルクトゥルス人もそれぞれに個人の見方があります。ゆえに私がアルクトゥルス全体の話をしていても、私の見解は私個人の意識のフィルターを通したものとなります。私たちは超銀河文明になった時点で、すでに生命と知性と自由への貢献を決めていました。ですから、すべての状況を根本的にそのような哲学的根拠から眺めます。地球時間でおよそ一億年前に銀河の探査を開始したときから、私たちはこの根本哲学をずっと保ってきました。新たな種族に遭遇したときも、関わるかどうかはこの哲学を倫理基準ないし濾過装置にしてきたのです。

私は地球時間で七十万年のあいだ科学技官として、ずっとあなたがたの太陽系近辺に駐留しています。私たちの任務は昔も今も、生命を守り（守り甲斐のある場合に）、知性を守り、自由を守ることです。人間としての寿命はきわめて限られているために、存在がこれほど長く生きられるとはとても信じられないかもしれませんが、実際のところ、アルクトゥルスの基準では私などまだほんの若造です。私は科学技官として、あなたがたの進化の歴史をくまなく観察してきました。そしていまや地球人類にすっかり魅了され、興味をかきたてられています。

少し脱線しますが、アルクトゥルスの素晴らしいテクノロジーに「再生技術」というものがあります。このおかげで、私たちの生命形態は通常よりかなり長く五次元で保たれるようになったのです。

アルクトゥルスの科学技官である私の関心事は、地球その他の緒惑星における生物の生命形態、電磁的知性体、文明のバリエーションがどう進化していくかです。

あなたがた地球人類は町で唯一の劇団ではありません。宇宙は、身体を持つものも持たないものも含め、多くの知性体や霊的存在にあふれています。宇宙における生命と知性の複雑さにあなたがたが気づけないのは、世界を知覚する神経系が未熟で、五感による知覚に縛られていること、さらに生物学的にも地球と太陽がつくりだす重力の井戸に閉じ込められていることによります。

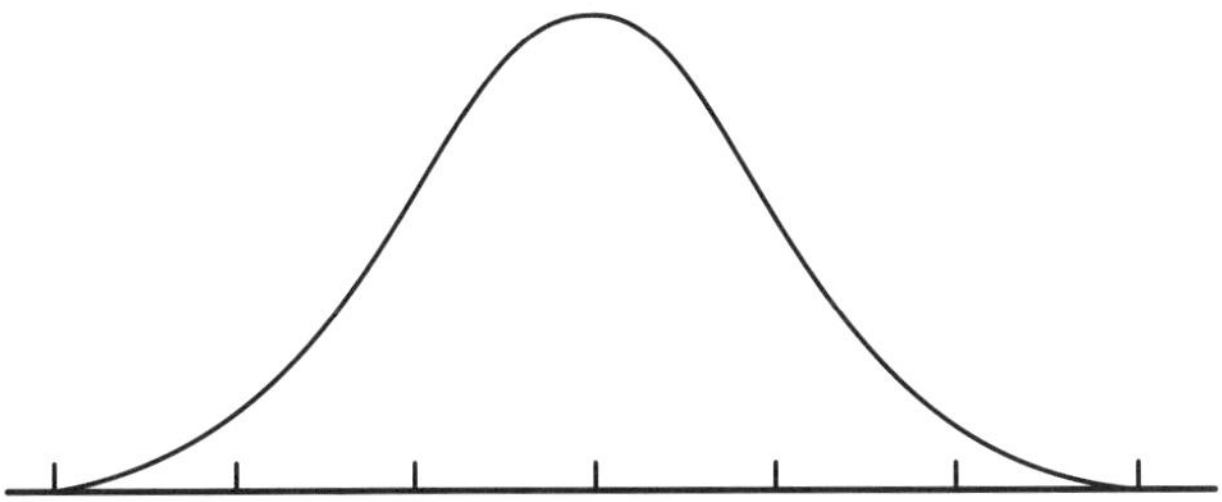

つりがね曲線

それでも人類には高次元のさまざまな側面がすでにそなわっているのです。ただ、それに気づかないだけです。人類の進化の軌跡を見ると、五次元の現実に集団転移する可能性を秘めていると言えます。この「集団転移」とは、あなたがたの想像するものとは少し異なります。

地球の科学は、情報の隆盛と衰退について非常に正確に理解しています。それをもっともよく表わしているのが「つりがね曲線」（訳注／統計学で正規分布をグラフ化した曲線）です。私の見たところ、基本的な問いは二つ、すなわち「どのように」と「いつ」です。

まず、より説明しやすい「どのように」から論じましょう。頭の中で、つりがねのような形を思い描いてください。つりがねの一方の端は下の線にほとんどくっついていますが、つりがねが立ち上がるにしたがって下線との距離はどんどん広くなります。そして、つりがねの頂点に達したところで下線との距離が最大になり、その後はこれまでの形と左右対称になるように、だんだん狭くなっていきます。最後には、ちょうど鏡像のように左半分と右半分がぴったり同じになるのです。

ごく微小なウイルスや細菌でも、ほとんどの生物有機体の増殖はこうしたつりがね曲線をたどります。人間にも同じようなパターンが見てとれます。そこには目に見えにくい人口増加、疫病の流行、人類の歴史における啓発的事象といったものも含まれます。ここでいう啓発的事象とは、ある特定のつりがね曲線の頂点で、この場合には歴史上の「文明」を指します。人類の歴史には数多くの文明がありましたが、そのほとんどはとうの昔に忘れ去られてしまいました。

そうした文明はある人々が住む地域で興り、周辺の人々が無知でいるあいだに、際立って知性を発達させたのです。あなたがたがルネサンスと呼ぶものも啓発的事象の一例です。ルネサンスはイタリアという場所に住む人々のなかで少しずつはぐくまれ、つりがね曲線のようにゆっくりと発達し、それから徐々に消えていきました。

人類の歴史上の黄金期はすべてみな啓発的事象であり、その栄枯盛衰はつりがね曲線状です。あなたがたの進化の軌跡において、今の時代はとても魅力的に見えます。私は五次元から観察しているので魅力的と言いましたが、そこで実際に生きることは多くの困難を伴うでしょう。とくに知覚が三次元の現実だけに限定されていれば、なおさらのことです。

あなたがたの文明は全地球化の時代に入ろうとしています。それが人類のためになるかどうかは、今のところまだわかりません。

しかし、本質において地球規模の人類文明が興りつつあります。どんな民族国家にも土地にも縛られない、地球全体に根ざした文明です。この芽吹きつつある現実にあなたが目覚めるとき、みずからを地球市民と見なすようになるでしょう。

その現実に移行すると劇的に展開が変わります。矛盾するようですが、私がこの話をしている最中も、まったく別の世紀を生きる人たちがエアポケットのように存在しているのが知覚されます。

あなたがたのなかには、自分が地球市民であることに気づいて、新たに地球の世話役としての務めを引き受ける人たちがいます。それと同時に、貪欲さから地球や同胞を食いものにして自分の手柄を立てようとする人たちもいます。

進化の内なる知性と絶妙な美を認識する人がいる一方で、世界は六日間で創造されたと信じている人もいます。日の出と日の入りは、太陽が動いているのではなく地球が自転してそう見えることを知っている人もいれば、ものごとは目に見える通りだと頑なに思いこんでいる人もいます。世界は平らだと信じて疑わない人さえいます。

すでに地球市民の気づきと責任というつりがね曲線をのぼっている人がいる一方で、多くの人は、まだつりがね曲線に踏み込んでさえいません。そのつりがね曲線をかなり高くのぼって、気づきによる倫理的な現実と全世界的な地球人類が登場することを見通している人々は、先駆けです。予見者です。でも、まだこの気づきのつりがね曲線に入っていない人々はそのビジョンを信じられず、むしろ危険視するでしょう。なぜなら先駆者たちは、世界と人間の可能性をまったく新しい目で眺めるからです。

これを読んでいる皆さんは、新たな地球人類の出現を感じとっている先駆者であり、予見者でしょう。

私は心からの祝福と、哀惜の念を送ります。あなたが高い知性に到達し、新たな現実の可能性に踏み出したことを祝福します。そして、それゆえあなたが深い孤独を感じるだろうことに哀惜の念を表します。

皆さんのなかには、アメリカのSF作家が書いた『異星の客』（R・A・ハインライン著、ハヤカワ文庫）を思い出す人もいるでしょう。事実、気づきのつりがね曲線に入って上に進むにしたがい、底辺との接触がなくなっていきます。あなたにとっては自明のことも、ほかの人たちにはまるで理解できないかもしれません。いうなれば、あなたは時代の切っ先に立っているのです。状況によっては、人類の新たな現実の種子を蒔いているのだとわかると力が湧いてくるでしょう。あるいは、それを知って不運を嘆きたくなる人もいるかもしれません。

あなたがたが住んでいるのは二元性の宇宙です。そのため、何をどのように見たとしても、たとえどれほど高い視点から見ようとも、つねに対極が存在するのです。

私の見たところ、残念ながら人類の性質には偏狭になりやすい傾向があります。しかも興味深いことに、偏狭な個人や集団であればあるほど、新しい可能性に対する反応は暴力的になるようです。

瘴気《しょうき》や催眠状態から目を覚まし、宗教や政府のコントロールから抜け出す人々の数が多くなるにつれて、気づきのつりがね曲線も強くなります。完全に意識の眠っていた人々が、まるで雪崩のように半覚醒状態へと移行しつつあります。そこには、これまで仰ぎ見て服従するよう教えられてきた人たちに騙されていたのだという、人類の漠然とした憤りがあるようです。

多くの人は、自分の愚かさが打ち砕かれる体験をうまく扱うことができません。あなたがたの惑星には男性性と女性性の極性バランスを回復させる中間領域の段階があります。それは国家的あるいは宗教的アイデンティティの制約された感覚から、全世界的で惑星的で宇宙的なアイデンティティの感覚へと、人が成長するための期間なのです。この時点では個々の人間の精神的苦難がまだ解消されておらず、人類の始まりからずっと騙され、操作されてきたという概念といまだに格闘しています。

人類がこうした段階を通過し、全世界的な地球市民としての存在に達したとき、歴史的な葛藤は去るでしょう。そして、争う代わりに一人ひとりが新たな現実を受け入れ、生命や人間を大切にする倫理感と価値観にそって生きるようになるでしょう。

歴史のなかで今このとき、生物生命体として肉体を生きるあなたがどう感じていようとも、アルクトゥルスの科学技官である私からは、人類が大挙して船から飛び下りているのが見えます。人々は社会制度もふくめ旧い現実を捨て去り、新しい地球人類として、新しい運命を鍛造しつつあるのです。

気づきのつりがね曲線をかなり高くのぼっている人々に、ぜひお伝えしたいことがあります。あなたは決してひとりぼっちではありません。それが私からのメッセージです。たくさんの人たちが仲間入りしてくるでしょう。歴史の物差しが変わってきたのです。

人類の潜在的可能性

あなたがた人類の潜在的可能性のルーツは銀河を超えています。そして人間が高次の存在として開花しないようにする障害物が、領土操作（訳注／著者によれば今もアヌンナキの計略に同調し継承する者たちのコントロールが継続しているという）によって恒久化されています。

まず、あなたがたが地球だけでなく銀河を超えて受け継いでいるものについてお話ししましょう。人類の歴史のシュメール時代、ある超銀河文明が地球の初期霊長類と接触しました。その文明はアヌンナキという名で知られ、実用的な目的で地球にやって来ました。彼らの故郷の大気は浮遊粒子状の金をふくむ混合気体でしたが、稀少金属である金が激減して大気環境が劣化したため、金鉱を探し求めて地球を見つけたのです。

ところがアヌンナキにとっては不幸なことに、太陽を中心とした地球の公転が彼らの生態に悪影響を与え、寿命を縮めることが明らかになりました。ロボットのような採掘機を導入しても、さしたる成果は上がらず、彼らは解決策を見いだす必要に迫られました。そこで、自分たちの代わりに比較的進化した霊長類たちに労働させることを思いつき、あなたがたの祖先のＤＮＡを操作して、地球で採掘作業に従事させる奴隷をつくりだしたのです。アヌンナキたちは欲しいだけ金を手に入れると、地球を去りました。

そうやって宇宙の来訪者から見捨てられた初期の人間たちは、やがて彼らのことを神として語りはじめます。三次元に住む未進化な人々は、アヌンナキのように先進技術を操る五次元かそれ以上の存在を、いとも簡単に超人と見なしてしまったのです。

アヌンナキによる遺伝子操作実験のあとも、ほかの超銀河文明があなたがたの太陽系を探索して、初期の地球人と交流しています。これは人類の有史以前の出来事で、シュメールの古文書以外、それに関する記録は残っていません。

ＤＮＡの分類の仕方にもよりますが、少なくとも二十以上の超銀河文明がみずからのＤＮＡの性質をあなたがたに贈り物として授けたと言ってさしつかえないでしょう。もちろん贈り物といっても、送る側と受けとる側とでは意味が違います。送る側からすれば贈り物でも、受けとる側にはありがた迷惑ということだってあるのですから。これもまた現実世界のパラドックスです。

この点から見ても、地球人類はきわめて進化した文明のＤＮＡを併せもつユニークな交配種であり、ゆえに超銀河的な貴族なのです。あなたがたのＤＮＡ螺旋のコドンは、内側にも外側にも反応するスイッチのように作動します。それらのコドンには、体内の生物学的プロセスが起きたときに活性化するものと、体外環境からの刺激に反応するものとがあります。超銀河文明からＤＮＡの中に埋め込まれたものは、宇宙的なきっかけに反応します。あたかもそれは、進化した超銀河文明の存在たちがみずからのＤＮＡの一部を授けたときに、将来そうしたコドンが外なる宇宙のきっかけに反応するようプログラミングしておいたかのようです。

それらのコドンが人類のＤＮＡに導入されたとき、そのきっかけとなる力は、あなたがたの未来にありました。それが今やあなたがたの現在になったのです。つまりあなたがた人類には、想像以上に宇宙の力による活性化が起こっているということです。今ではその力が天の川銀河の中心から、そしてさらに深い宇宙の奥からも、あなたがたの太陽系に流れ込んでいます。もっと言えば、コドンは太陽の変化にも反応しているのです。

そのように宇宙のあらゆる活動が、超銀河文明を起源とするコドンを刺激し、活性化させています。今が未来となり、未来は今になったのです。

宇宙的なきっかけによる人類の大々的な活性化にともない、あなたがたに潜在する途方もない可能性が、今も、そしてこれからもどんどん解き放たれていくでしょう。

あなたがたは現在その真っただ中にいるのですが、それに気づいていないようです。地球人類は進化の中心点にいるのです。

人類の潜在的可能性をはばむ障害物の一つは、あなたがたの偏狭な歴史観です。地球上の宗教の多くが、霊性を欠く、じつはただ単に技術的に進んでいただけの異星人を神格化してきました。

そのような神格化は、知らぬ間にじわじわと人々に影響していきます。神格化すると、それを自分より上に見て、その「神格」に仕えたくなります。それはアヌンナキがあなたがたのＤＮＡをそのようにコード化したからです。もし自分自身の知性に目覚め、みずからが超銀河的な貴族であることを理解すれば、ひれ伏すべきものなど何もないことに気づくでしょう。あなたはどんな存在とも対等なのです。

あなたの理解がいまだ限られているとしても、その潜在的な可能性はほとんど無限です。

宗教的な神格化や目くらましから脱すると、あなたの超銀河的なルーツを覆っていた靄《もや》が一掃されるでしょう。この知性の作業をある程度まで成しとげると、きっかけとなる宇宙の力をやすやすと乗り越えていくことができます。

あとでアルクトゥルスのスターゲートについてもお話ししますが、そのまえに私たちの意図と手法を明らかにしておきましょう。

すでに述べた通り、私たちアルクトゥルス人は、生命と知性と自由を尊重するという特質を発達させてきました。私たちがここにいるのも、博愛的な意図であなたがたの銀河を守護するためです。それは太陽系と地球を守ることも含みます。しかし状況は多次元的で、きわめて複雑です。あらゆる存在には、他を束縛したり抑圧したりしないかぎり選択の自由があると私たちは考えています。

あなたがたの惑星を何世紀も見守ってきた者として、私はアルクトゥルス協定のもとにあります。この協定は、すべてのアルクトゥルス人、とくに私たちのような銀河を超えた探検者あるいは守護者にとっての文化的な取り決めです。

私たちはまれなケースを除いて、地球のものごとに直接介入することはありません。それでも、私たちの宇宙船はあなたがたが知らないうちに太陽系やこの銀河の五次元を巡回しては、多くの邪悪な侵入者を食い止めてきましたし、これからもそうするでしょう。

気づいていないかもしれませんが、いま超銀河的な戦いが起こっています。それは新しい高度なテクノロジーであなたがたをさらに束縛しようとする者と、私たちのようにあなたがたを守ろうとする者との戦いです。地球人類のためにこの宙域を見張っているのは私たちだけではありません。でも何が人類のためになるかというのは、もちろん知覚者しだいです。これもまさに二元的宇宙のパラドックスです。

私たちの意図は、変容しつつある人類の自由意志ゾーンを守ることです。あなたがたが自由に自分自身で選択できるよう、私たちは高次元から守護しています。そしてあなたがたが生命と知性と自由を高めることを選択してくれるように望んでいますが、選ぶのは私たちでなく、あなたです。

私たちにはよくわかります。地上に生きるあなたがたは長い歴史のなかで束縛され、操られてきました。そのため、自分には選ぶ自由がないとか、自分の力で結果に影響をおよぼすことはできないなどと本気で信じているのです。

この苦境を、生物学的な比喩で話してみましょう。松の一種に、火の刺激で活性化されてはじめて発芽するというものがあります。この松の発芽は、雷や干ばつのあとに集中します。日照りで雨が降らないと松林は乾燥し、空気が熱せられて雷雲が発生します。そして雷が乾いた木に落ちると、炎をあげて燃え上がり、たちまち周囲に燃えひろがります。見たところ雷は空で発生するように見えますが、実際には地中から生まれるのです。

炎が森をのみこみ、松の木が燃えると、その種子は活動をはじめます。火事では死なないのです。それどころか木々が焼けたあと、時とともにゆっくり新芽を吹き出すのです。この特殊な種類の松の種子は、あなたがたの超銀河的なコドンとよく似ています。それらのコドンを新たな成長へと向かわせるきっかけは、コドン自身には制御もコントロールもできないところからやって来るからです。

そしてきっかけとなる宇宙の力は、松の比喩では雷にあたります。人類の文明はいま炎上しています。それは文字通りのこともあれば、比喩的な意味のこともあるでしょう。

その宇宙のきっかけは地球外のものであり、あなたがたを操ろうとする者たちにも手の出しようがありません。たとえ彼らが宇宙の無法者たちに援軍を求めても失望するだけでしょう。なぜなら私たちの宇宙船をはじめ超銀河的な連盟にはばまれるからです。

くり返しますが、状況はきわめて複雑です。あなたがたのなかには、私たちが三次元の宇宙船で到着するのを待ち望んでいる人もいますが、宇宙船の波動を三次元まで下げるには途方もない量のエネルギーがいります。必要とあらば光形成技術を使ってそうすることも可能ですが、それは最後の手段なのです。

ここで強調しておきたいのは、宇宙のきっかけの力によって今あなたがたの超銀河的コドンが活性化されている真最中であり、それはこれからも続くということです。つぎの百年間で人類に開花する新しい能力は、これまでのどんな飛躍的な進化もおよばないでしょう。

地球に対するアルクトゥルス人の使命

惑星地球に対する私たちアルクトゥルス人の使命について、ここで若干ふれておきたいと思います。すでにお話ししたように、アルクトゥルス文明がもっとも重点的に取り組んでいるのは、生命と知性と自由を守る(守り甲斐のある場合に)ことです。どの次元の現実にも固有の潜在的可能性と限界がありますが、五次元の文明である私たちの現実感覚にはとても広がりがあり、言語にもそれが反映されています。私たちの言語は、いわばテレパシーによるホログラムのやりとりです。口をとおして音を出すこともありますが、それはかけ声のようなもので、地球人の言語のように情報の入れものにはなりません。

たとえば、私たちの言語で地球人類の進化を参照しようとすると、その歴史の全容が、私たちの文明に知覚され記録されている通りのホログラフィックなイメージで頭に浮かんできます。それを仲間たちにも素早く伝えることができ、何かの判断のために背景事情を一式まるごと伝えるのもほんの一瞬です。

アルクトゥルス人にとって背景事情は問題解決のために欠かせません。どんな出来事であれ状況であれ、その歴史や、以前の似たような事柄との関係性を知りたいのです。さらに、ある出来事に関連して将来起こるだろう現実もよく検討します。

このような膨大なホログラムの情報の海は、すべてテレパシーでやりとりされます。あたかもすべての検索システムのソフトウェアに入っている全データを、ハードウェアもコンピュータも介さずに、そしてほとんど時間のずれもなく相手の意識にぽんと転送するようなものです。

それでも今こうして皆さんにお話しするには、より原始的なコミュニケーション手段を使わなければならないため、簡単なことを伝えるのにも時間がかかります。

これらの言葉を読んでいる人のなかには、テレパシーでアルクトゥルスの情報の海にアクセスできる人もいるでしょう。それについて少し触れておきます。

もしあなたにテレパシーの素質があれば、この文章を読むうちにホログラフィックなイメージが浮かんできたり、三次元でも身体感覚が生じたりするでしょう。そのような微細なホログラフィの心象は、実際にはコミュニケーションなのです。言葉ではその深さをとらえきれません。でも、これを読んでいてホログラフィックなイメージがなにも浮かばないという人も心配はいりません。人間に潜在するこの層にアクセスする準備ができたとき、おのずと扉は開きます。

テレパシーでホログラムをやりとりできそうな人は、私の言葉を読みながら、意識の一部を頭の中心にある松果体に合わせてください。松果体はアルクトゥルスの情報を受けとる主要な場所です。

くつろいで意識を集中してください。くつろいで集中するという言葉はとても重要です。そうしていると、（アルクトゥルス的な素質があれば）ホログラフィの心象を感じはじめるでしょう。

それでは、アルクトゥルス流ホログラフィ交信の素地ができたところで、本来のテーマに戻ります。

さきほど述べた通り、どの次元にもそれぞれ固有の潜在的可能性と限界とが存在します。たとえばアルクトゥルスのような五次元の文明における潜在的可能性とは、現実感覚のひろがりです。

五次元の現実にそなわる限界を説明することは容易ではありません。その限界とは知覚の相対性にまつわるものです。たとえば私たちは、地球人類のように時間と空間の中に幽閉され、惑星の重力という井戸の中にいることがどういうものかを想像することはできますが、それはあくまでも想像にすぎません。

あなたがたが五次元について考えるときも同様です。そのように、双方とも自分たちがいる次元世界によって理解にハンディが生じるのです。

このことは使命の遂行にもジレンマをつくりだします。私たちの使命は、生命と知性と自由を守ること（守り甲斐のある場合に）です。この使命はサナート・クマラによって確立され、この象限で任務を果たす私たちは全員、彼の指揮下にあります。究極的に彼のビジョンは、どうすればあなたがたの銀河と太陽系と惑星地球の生命、知性、自由のために、もっとも貢献できるかということです。それなのに！

私たちは人間であるとはどういうことかを知りません。あなたがたの生物的現実である制限や束縛というものを体験していないので、わからないのです。私たちの身体も世界全体も技術も、すべてあなたがたよりずっと高速で振動しています。

ですから私たちはアヌンナキの金鉱採掘の遠征の結果を見たとき、知覚のジレンマに陥りました。このジレンマは、私たちの文明の基礎である生地から来ています。文明の価値観は——その文明が地上的か天上的か、また一惑星のみか超銀河的かを問わず——行動を決定します。文明の土台にある根本的視野をないがしろにすると、もはや取り返しがつきません。それは生地から織り糸を引き抜くようなものです。

私たちアルクトゥルス人にとって、生命と知性と自由を守る（守り甲斐のある場合に）という価値は何よりも重要な包括的視点であり、私たちの光のDNA鎖にこれがコード化されているのです。

ええ、そうです。疑問に思う読者もいるかもしれませんが、私たちにもDNAはあります。ただしそれらは完全に光の構成物で、あなたがたのDNAよりずっと高速で振動しています。地球人類のDNA鎖は二本ですが、私たちには二十四本あります。これはあなたがたより優れているとかいう意味でなく、単なる相違にすぎません。

そのように、文明の価値観は私たちのDNAにコード化されているのです。その価値観は、あなたがたのように観念的な概念としてだけではなく、物質性の一部として存在の基盤にそなわっています。

あなたがたの二本のDNA鎖にあるコドンは、まだほとんど活性化していません。すでにお話ししたように、それら眠っているコドンの多くは、宇宙の力に誘発されて活性化します。その力は制御のできないものです。

アヌンナキが奴隷人種をつくる目的で人間の遺伝子を操作したため、あなたがたの身体のＤＮＡには、自分より大きな力をもった者にはおとなしく服従すべきという原型が埋め込まれているのです。

アヌンナキたちは高度な遺伝子工学によってこれをやりとげました。その技術は、単に今の地球の技術より進んでいるというだけで、原理は同じです。方法さえわかれば、ヒトでもウシでもウマでもブタでもリンゴでもニンジンでも、どんな生命体であれ肉体のＤＮＡ構造に同じように適用できるでしょう。そして遺伝情報をどう操作するのかを知っていれば、その生命体に行動様式をプログラミングすることもできるのです。

こうしてアヌンナキは、人類の祖先のＤＮＡを操作し、強い支配力に従順に仕える奴隷人種をつくりだしました。これは技術的および遺伝学的な見地からすればアヌンナキの大変な業績であり、科学者としての私は、彼らの遺伝子工学の実用化に驚きを禁じ得ません。

しかしそれと同時に、私はアルクトゥルス人として、彼らの行為に強く憤慨しています。なぜなら、この遺伝子操作が地球人類の生命と知性と自由にはなはだしい悪影響を与えたからです。これはとても容認できないことで、私たちの使命の本質にかかわる問題です。

しかしながら、私たちはこのことのために、あなたがたの援護においてパラドックスとジレンマに直面することになるのです。

私たちは五次元から、どうすれば不適当な悪い結果を伴わずに、より低い波動の世界に最善の影響をもたらせるのかをつねに考え出さなくてはなりません。

私たちの使命には二つの側面があり、二つの作戦が並行しています。一つは私たちの宇宙船システムによる作戦で、もう一つはミクロトンネル作戦です。まずは宇宙船のほうからお話ししましょう。

私たちの宇宙船がこの宙域を巡回しているのは、アヌンナキの策略につながる邪悪な存在たちの介入から地球人類を守護するためです。つまり彼らはあなたがたを奴隷として拘束し、意のままに従わせようとしているのです。そんな宇宙の暴君たちとの対決について語ることは私の本意ではありません。たぶん、あなたがたにはSF小説のようにしか聞こえないでしょう。

私たちの宇宙船の装備は、太陽系と地球周辺への邪悪なテクノロジーによる干渉を防ぐためですが、ときには小競り合い、あるいは大がかりな戦闘に巻き込まれてしまう場合もあります。幸いにして私たちのテクノロジーは、把握しているかぎり最先端です。

そして二つ目の作戦は、あなたがた地球人とのあいだに、交信のためのミクロトンネルをより多く開通させることです。その目的は、あなたがたが意識を開き、地球を覆っている隷属と暗愚と監禁のとばりを突きぬけて新たな可能性を感じられるようになってほしいということです。

このとばりとは物理的なものではありません。宗教その他の組織を通じて醸成されてきた惑星の雰囲気であり、いわばアヌンナキの策略の延長線上にあるものです。

ところで、私がこうして話しながら「アヌンナキの策略」という言葉を使ったときに、理解していてほしいことがあります。これは、アルクトゥルス的な素質があって、松果体に集中しながら私の言葉を読んでいる人のために言っておきます。「アヌンナキの策略」と言うとき、私にはホログラフィックな映像が見えています。最初に人間の遺伝子操作の実験をしているところから、人間という種の歴史がどのように絡まり、ねじ曲げられたか、そして覚醒者たちのルネサンスと、それを潰そうとする勢力との激しい抗争などのすべてが見えるのです。

それと同時に、現在のあなたがたの様子もホログラフィで見えています。人々を制限し束縛しつづけている者たちが、どのようにして人々の知性を奪い、自身の生命を軽視するよう仕向けているか……こうした現代の人間たちはアヌンナキの策略を踏襲しています。この光景は、アヌンナキが地球を去ったあとも、いまだに人類のなかで脈々と息づいていることを見せています。ＤＮＡに埋め込まれたものが、その策略を継承するようにささやくのです。

けれども、その一方で、目覚めつつある人の数はうなぎのぼりに増えています。そしてもっと大勢の人が――まだ充分とは言えないまでも――嘘を見破っています。自己の大きな潜在的可能性に目覚めた人々が充分な数に達すると、人類の歴史は根底から変わります。そこで私たちアルクトゥルス人はより多くの地球人をそっと後押しするために、コミュニケーションのミクロトンネルを開いて、私たちの広大な現実感覚に触れられるようにしているのです。

前にも言ったように、これはすでに決定がなされたことであり、良くも悪くもこの二つが私たちの基本的な作戦なのです。

無知からの脱却

五次元と三次元のあいだにあるコミュニケーションのパラドックスは、水素原子に喩えられます。水素原子は電子を一つ持ち、結合の可能性を無限に秘めています。それはまるで人間のように、特殊な空間に存在しながら、ときどきほかの原子構造と結合しては新たな配列や可能性を生みだすのです。

たとえば、水素と酸素の結合を見てみましょう。別々に存在しているときは、どちらも気体で、非常にはかなくて短命ですが、結びつくことで「水」という状態に変化します。水は、宇宙空間から見たときのあなたがたの惑星を特徴づけています。宇宙から見る地球は何よりもまず、青が目につきます。

水も人間と同様で、自身のルーツや位置を知りません。ただみずからの性質と外の力に従って動いたり、じっとしたりしています。もし水に人間のような知性があったなら、自分が惑星表面の約三分の二を覆っていることを認識するかもしれません。するとそれが水の「現実」となるでしょう。けれども、二種類の気体が偶発的に結合して自分が生まれたという事実や、三次元の現実も可能性の一つにすぎないということは理解できないでしょう。

あなたがたの惑星の公転軌道や、その地表から放たれるまばゆい色の輝きは、宇宙から眺めた者にしかわかりません。

私たちは地球人類が宇宙へと乗り出す冒険を見守ってきて、あなたがたが初めて宇宙の視点から地球を目にしたときのことを、人類の気づきが大きく広がった歴史的な基準点ととらえています。

宇宙から撮影された地球の写真を目にしたとき、人々のイマジネーションに何かが起こりました。地球の見事なまでの精巧な美しさが、もろく壊れやすい性質とともに露わになったのです。よほど鈍くて眠りが深い者でないかぎり、あらゆる人がそれを受けとりました。宇宙空間から地球を見るというこのシンプルな視点の変化が、大いなる惑星的な気づきの扉を開いたのです。

そのように自分の住む惑星を宇宙から見るという視点の変化は、人類を一歩前進させたのですが、その視野はいまだに三次元の現実に閉じ込められています。

人類が直面している難題は、脳と神経系の機能によって一種の催眠状態にあることです。そのため自分が知覚している体験が実在するもののすべてだと信じ込んでしまいますが、それは違います。あなたが住んでいるのは、想像を絶するほど広大で、複雑で、神秘的で、しかも突拍子もない宇宙なのです。

あなたがたの視覚力は、脳の視神経と視覚中枢が進化発達した結果です。しかしその複雑な神経組織で感知できるのはエネルギーのごく限られた範囲のみです。何らかの手段を使わなければ紫外線やX線やガンマ線などを見ることはできず、ましてや、まだ科学で未発見のもっと高い周波数帯にいたっては言うに及ばずです。ところがあなたがたは、いま知覚している体験量だけでも非常に厖大ですから、それが実在する世界のすべてだと思い込んでしまうのです。あなたの目、耳、皮膚、味や感触、匂い、それらが告げてくるどんな知覚も、あなたの眼前に広がる世界のほんのわずかな切れ端にすぎません。

地球に住んでいる知性体

地球の電磁スペクトルの別の領域には、人間が感知できない存在がいて、あたりを歩いたり動きまわったりしています。ほかの星からやって来た宇宙人ではありません。それについてはあとでまた話します。ここで述べるのは、あなたがたと一緒に地球に住んでいる存在のことです。

あなたも身のまわりに広がる壮大な宇宙を感じとる訓練をすれば、私の言っていることが本当だとわかるでしょう。しかし、物質に縛られて重力の檻にとらわれている人にとっては、まるで神話のように聞こえると思います。

世界中のシャーマニズムや原始宗教の伝統においては、このように異なった電磁スペクトルの領域にいる存在が認識されています。シャーマンはそれをスピリットや精霊などと呼びますが、私たちにすれば単に存在する波動域が異なるだけで、人間と同じように希望や夢や意志をもった、別の意識形態にすぎません。彼らは高次の電磁的知性体で、コミュニケーションすることもできます。地上にも地下世界にも住んでいて、大気圏のはるか上層に存在するものもいます。

こうした電磁的知性体とコンタクトすると、博愛的なものも邪悪なものもいることに気づくでしょう。あるいはまったく中立で、敵でも味方でもない存在もいます。地球の仲間である彼らのなかには、人類より進歩した一定のテクノロジーを持ち、円盤型の装置で移動するものたちもいます。その円盤に乗って、高い電磁スペクトルの領域から三次元の時空間のかたすみに到着するのです。

　ですから、あなたが目撃するUFOは、宇宙から来たものかもしれないし、地球のものかもしれません。人間は目の前にある世界のほんの一端しか知覚できないため、自分たちが地球上でいちばん知的に優れた種だと信じて疑いません。私たちはそれに異を唱えます。クジラやイルカなどの海洋哺乳類はいくつかの点で人類よりも進歩しており、地球の住人である高次の電磁的知性体は、私たちが見たところ多くの場合、人間の知性をはるかに上回っていることに疑いの余地はありません。

　すでに言いましたが、あなたがたは想像を絶するほど神秘的で突拍子もない宇宙に住んでいるのです。私たちは地球探査を始めてまだ間もないころ、現生人類であるホモサピエンスが出現する前に、地球の高い電磁スペクトルに住む知性体に出会いました。あなたがたが種として存在する以前から、彼らはすでに地球にいたのです。

　そして、先史時代（あなたがたに認識できるような形で記録が残っていない時代という意味です）には、さまざまな初期人類が高次の電磁的知性体を感知していました。その存在を知覚できた者がシャーマンになったのです。シャーマニズムは世界各地で生まれ、場所によってそれぞれ独自の発達をとげました。土地ごとにシャーマンは異なる高次の電磁的知性体と遭遇していたのです。

　世界に散在するシャーマニズムの伝統がまちまちなのは、土地や文化や歴史の差違によるだけでなく、その場所によってシャーマンが接触する高次の電磁的知性体が異なっていたことも一因だと私たちは見ています。

これほど複雑なところに、地球外からの知性体も加わっているのですから、あなたがたのタペストリーはじつに複雑に入り組んでいます。

さきに私は、人類が遭遇するＵＦＯは地球外起源だけでなく、地球起源のものもあると言いました。電磁的知性体はそれらの乗り物で高い電磁スペクトル領域へと移行することができます。そして奇異に聞こえるかもしれませんが、その乗り物は、あなたがたの未来から、探求と理解のために時間をさかのぼってやって来たものもあるのです。未来からの旅人たちは、アンバランスの原因を是正するために戻ってくることもあります。

私たちが見たところ、未来からやってきた来訪者のほとんどが円盤型の乗り物を用いています。それは彼らが開発した一番のテクノロジーなのです。より正確には、あなたがたが開発したと言うべきかもしれません。その来訪者たちはあなたがたの未来からやってきたのですから。これはまことに奇想天外な話でわかりづらいでしょうが、円盤型の乗り物であなたがたの時間軸に出没している未来の人間たちは、拡大意識の表われという可能性もあります。換言すれば、あなたがたは三次元の空間のみならず時間についても理解できる範囲が限られているということです。

ある進化地点まで達した種にとって、時間を行き来することは、あなたが地下鉄に乗るのと同じくらい簡単なことです。ちょっと想像してみてください。未来の人間が歴史を鑑み、大昔の先祖（あなたがたのことです）を、時間の流れの力学という拡大レンズをとおして眺めているところを。

あなたがたは時間がまっすぐ一方向に流れると考えていますが、それはきわめて限定的な理解です。物理的現実の性質について感覚器官が告げてくる情報も、やはり限定的です。あなたがたの生きている三次元世界は、あなたが思うほど単純なものでなく、とても想像できないくらい込み入った複合体なのです。

あなたが今いる時点は、未来の探求者がさかのぼって誤りの原因を発見しに戻ってくるような時代です。あなたがたは時代の端境期にいて、多くの観察者から注目されています。未来の人類にとって、あなたがたはいわばネアンデルタール人のような存在なのです。

これは複合体の一つの層にすぎず、さらに別の層もあります。

ここまで、地球の住人である知性体、つまり未来の人類と、高次の電磁的知性体について述べました。次は地球外の知性体についてです。

地球外からの訪問者

ここからは項目別にざっと説明しましょう。はじめに地球外の知性体の三つのカテゴリーについてお話しします。

重要度に関係なく思いついた順番で話しますが、最初のカテゴリーは、物理的な乗り物で宇宙空間を行き来している異星人です。あなたがたは彼らの正体がわからないために「エイリアン」と呼んだりします（実際の話、むこうからすれば、あなただってエイリアンなのです）。そのなかには、宇宙船として目撃されるような乗り物で三次元にとどまっている存在もいます。他方、宇宙船の分子構造を変化させて、意のままに次元を上下させる存在もいます。このテクノロジーにかけてはアルクトゥルスは非常に進んでおり、必要に応じて宇宙船を自由に次元転移させることができます。私たちの宇宙船はふだん五次元に存在していますが、要請があればもっと高い次元にも出向きます。ごくまれに三次元に出現する場合もあります。ただしそれは膨大なエネルギーを要するため、気安く引き受けるわけにはいきませんが。

地球外からの訪問者の二番目のカテゴリーとして、高次の電磁的知性体が挙げられます。地球にいる高次の電磁的知性体と同じように、乗り物や宇宙船には乗っていません。彼らは宇宙空間の中で特徴的な電磁場として動き、単独か集団で、あるいはその両方で行動します。個々のアイデンティティをもちながら、集合体として動くこともできるのです。

三番目のカテゴリーに属するのはきわめて風変わりな存在です。とはいえ、あなたがたにとってはこれまでの話もすべて風変わりに思えたでしょうか。このカテゴリーの訪問者は、はるか彼方の文明から投影された思念そのものです。それらはエネルギーの点であり、ただ観察しているだけです。関わりを持つことはありません。まったく独立して存在し、地球や太陽系に何が起きているか見に来ているのです。

魂

私たちの経験からしても、また、すべてとは言いませんが多くの存在の経験からしても、私たちはよほどの状況にならないかぎり決して破壊されないエネルギーの一点を有しています。物理的な死を迎えても、このエネルギーの一点、この光のきらめきは存続します。ただし個人としての人格を伴うわけではありません。いわばその一点に全体験の精髄つまり蒸留物が凝縮されているのです。その状態でしばらく宇宙空間や、さまざまな高次元の現実をただよい、ふたたび個として「生」を体験するかどうかを決定します。つまり、どこかの次元の現実で「身体に転生する」ことを選べるのです。

私たちは選択することができます。しかし、どうなるかは多くの要素に左右されます。転生したいと望む次元に見合った資質を持っていなければならないのです。したがって次はもっと高い次元に生まれ変わりたいと思えば、生きているうちに高次元の資質を養っておかなくてはなりません。

私たちが見たところ、あなたがた地球人も同じような状況にあります。

多くの伝統や宗教が「魂」について語っていますが、私たちの経験では、死後も個性や人格がそっくりそのまま生き延びて次元を行ったり来たりするようなことはありません。しかし、エネルギーの一点つまり光のきらめきは、ずっと存在しています。そこでは、あなたがたなら「可能性の場」とでも呼ぶようなものが問われるのです。

あなたがたの多くが理解している「魂」には、個人的な経歴やアイデンティティが保持されています。私たちは人間が死のプロセスを通過するときのように魂を経験することはありません。私たちが経験するのはエネルギーの一点、光のきらめきであり、そこに個人的な経歴やアイデンティティはありません。

人生の波動の性質が蒸留されたその本質だけが、光のきらめき、エネルギーの一点に集約されるのです。この一点はある種の磁気を帯びていて、つちかった資質にふさわしい波動レベルや現実次元を引きつけることになります。
そのために私たちアルクトゥルス人はできるだけ長く生きたいと望んでおり、再生技術を開発した理由もそこにあるのです。

高次の電磁的知性体

あなたがたの古代史や神話から、古代文明が高次の電磁的知性体と交流をもっていたことがわかります。ここで念のため言葉の意味を確認しておきますが、私が「高次の電磁的知性体」と言うとき、それは単に人類より高い波動域に存在している電磁的知性体という意味にすぎません。

紫外線光のレンズを通して電磁スペクトルを眺めると、紫外線領域にも存在がいることがわかります。X線領域やガンマ線領域にもいます。有史以前の文明、とくに古代ギリシャ文明など初期の神話においては異界の存在が見られます。それらは自然界の動物などの神話的な姿をとって登場しました。地上のあらゆる初期文明において、こうした電磁的知性体の存在は知られていたのです。

そのため世界中のさまざまな文明において、妖精、ノーム、レプラコーン、ニンフ、ペガサス、ケンタウロス、そのほか多くの異界の存在たちに関する記述が見られます。つまり霊的に目覚めた人々が、高次の電磁的知性体と遭遇していたということです。人々によって知覚されたそれらの心象のなかには正確あるいはほぼ正確に近いものもありましたが、ほとんどは知覚者の期待や思い込みによってゆがめられたものでした。しかしどのような心象で受けとられたにせよ、こうした高次の電磁的知性体は現実に存在しているのです。

これもまた知覚の相対性の表われで、低い波動領域の存在がより高い波動領域の存在と出会う際には、とりわけそれが顕著になります。

天使

ここで述べるのは、私たちの視座から見た現象としての天使についてです。

天使は存在します。博愛的で善良な意図をもつ存在です。彼らもまた、高次の電磁的知性体であることに変わりありません。人間はこのような博愛的で善良な存在に遭遇すると、その体験を自分の期待や信念のフィルターをとおして見てしまう傾向があります。しかしここではさらなる注意が必要です。こうした「天使」たちが博愛的で善良な意図をもっているのは確かですが、それよりもむしろ知的に進んでいたり実現化することに長けているというものもいるのです。

天使に関する話で難しいのは、その概念に宗教的な教義が押しつけられ、あるいはスピリチュアルな解釈によって脚色されてしまっていることです。

博愛的で知的で円熟した高次の電磁的知性体に出会うという体験は、じつに素晴らしいものです。これは人間にとっても電磁的知性体にとっても非常に有意義なことでしょう。けれども、その体験から得たものには責任がともなうことを知っておく必要があります。天使と交流するときにも理性を忘れないでください。もしその「天使」があなたに何かをするよう命じてきたら、それは愚か者か、博愛の衣をかぶった邪悪な存在のいずれかです。

どのような存在であれ——人間でも、それ以外でも——あなたの主体的意志を侵害しようとする者は、避けるべきでしょう。

また、リリスは別の電磁スペクトルに存在しています。彼女については多くの言い伝えがありますが、リリスとの遭遇はアストラル界で起こります。すべてではないにしろ、ほとんどの電磁的知性体はアストラル界に存在します。そして人間と同じく、より高次のアストラル界や、アストラル界を超えたエーテル界の領域（私たちはそれを単に五次元と呼びます）にも移行することができます。

この宇宙は、あなたがたが想像するよりはるかにバラエティに富んでいるのです。

アルクトゥルス回廊

アルクトゥルスと地球をつなぐ次元の橋については、これまでにもいくつか言及があります。それは、「アルクトゥルス回廊《コリドー》」とも呼ばれ、私たちにとっては単にスターゲートの一つ、すなわち超空間をつらぬくトンネルである次元のポータルにすぎません。私たちの宇宙船も、そこを通れば光速以上のスピードで地球や太陽系の全領域に入れるのです。厖大な距離を移動する際に、これは不可欠です。

このアルクトゥルス回廊は、宇宙船を素早く必要なところに運ぶためにあり、必要かどうかは私たちの判断によります。このスターゲートつまり次元をまたぐトンネルは、乗り物専用なのです。

これを通じて私たちがあなたがたと接触することは、ごくまれな場合を除いてありません。ある個人がアルクトゥルスと接触する準備ができてその意志が固まったとき、私たちはもっと小さなスターゲート、すなわちミクロトンネルを開きます。そうすると、その人の高次の相である高次元の身体がアルクトゥルス人のところにやって来たり、ときには私たちがその人のところへ行くこともできるようになります。これはアルクトゥルスの宇宙船への通路ができるということでもあります。

アルクトゥルス回廊と呼ばれるポータルは、自然に発生したヴォルテックスではありません。私たちがつくり、維持管理しています。それもこの宙域で生命と知性と自由を守るという私たちの使命の一部なのです。アルクトゥルス回廊は、もっぱら五次元の宇宙船が地球や太陽系とアルクトゥルスのあいだを行き来することに用いられています。アルクトゥルスからは、ほかにもこの銀河の別の領域へのスターゲートやトンネルが通じています。

アルクトゥルス回廊という次元をまたぐトンネルは、アルクトゥルスの五次元の宇宙船専用ですから、ここではあなたがたが個人で使えるミクロトンネルについてお話ししましょう。

準備ができてコンタクトを望むようになった地球人には、たいていこのミクロトンネルを通して接触がなされます。ミクロトンネルは、人間の五次元など高次元の身体をアルクトゥルス人やその乗り物とつないで交信できるようにします。

このミクロトンネルに関して説明したいテーマが二つあります。

一つは、ミクロトンネルが接する身体の部位やエネルギー場についてであり、もう一つは意識の交信に求められる心身の活動レベルについてです。

まず、後者のほうからお話ししましょう。地球人とアルクトゥルス人の交信はふつう、人間側の知覚が変化しているときに起こります。あなたがたが三次元でアルクトゥルス人と遭遇することはきわめて稀で、ほとんどないでしょう。なぜなら、私たちが次元を下げるには膨大なエネルギーがいるからです。そのため、あなたがたの側でコミュニケーションのミクロトンネルが成立するよう心身複合体を調整してもらうほうが、好都合で有効なのです。つまるところ、私たちアルクトゥルス人は質実剛健でエネルギーの浪費や資源の無駄遣いを好まないのです。

交信のミクロトンネルが成立すると、人間の脳の状態や生理活動に変化が生じます。あなたがたの科学用語でいうα波の活動が増大するのです。しかしα波の活性化は、こうしたコミュニケーションの最中に起きる脳の多様な状態の一つにすぎません。人間の脳は非常に複雑で、脳内には数多くの周波数が同時に生じています。高次の意識活動のすべてを脳の周波数と関連づけるのは、あまりにも短絡的で大雑把と言わざるをえません。それは人間の生理学と潜在的可能性に関する大いなる誤解です。

アルクトゥルス人やその宇宙船とのあいだにミクロトンネルが成立すると、人の知覚はおのずと変化することになります。知覚に大きな流動性が生まれ、少なくとも同時に二つの現実――すなわち人間としての現実と、アルクトゥルスと接触している高次元の現実――を認識するようになるのです。なかには、まれに三次元現実の痕跡を見失ってしまう場合もあります。そうなると今までの世界がすべて消え、アルクトゥルスの現実のみが焦点として体験されます。

そんなとき、あなたがたは身体ごとアルクトゥルスの宇宙船に連れていかれたと結論するかもしれません。しかしそれは違います。遭遇した多次元性に圧倒されて、人間の脳が三次元の現実を追跡できなくなってしまうのです。その人の脳と意識ではもはや五感からの入力情報を受けとっておらず、遭遇が起こっている次元の入力情報だけを受けとっているということです。

ミクロトンネルは、アルクトゥルスの側から特定の人と交信する目的で開くこともあれば、地球人の側からアルクトゥルスに対して築くこともあります。いずれにせよミクロトンネルは双方向であり、あなたがたが脳と意識を変化させることで、アルクトゥルス人あるいはアルクトゥルスの何らかの現実面と接触することができるのです。これについてはあとでまた言及しましょう。

あなたがたに理解しやすいよう、つぎに最初のテーマについてお話しします。

ミクロトンネルは超空間を通って人間のエネルギー場とつながります。それはあなたがたが昔から伝統的に「オーラ」と呼んでいるもので、さらに特定すれば一つか複数のチャクラということになるでしょう。ほとんどの人は「第三の目のチャクラ」か「クラウンチャクラ」を通じてアルクトゥルス人と接触します。つまり、ミクロトンネルがあなたの一つ以上のチャクラに達すると、渦（チャクラ）に生じている精妙なエネルギーがミクロトンネルから影響を受けるのです。

比喩的に言えば、あなたの精妙なエネルギー体でギアをシフトさせるようなものです。精妙なエネルギー体にこのギアチェンジが起きると、つづいて脳と意識が適応することになります。この精妙なエネルギー体におけるシフトは、前に述べたとおり脳にα波の活動を増大させ、身体にリラックスした気づきの状態をもたらします。

ミクロトンネルの影響力がチャクラ付近で大きくなると、周波数の高い脳波であるγ波が現れるだけでなく、γ波を超えてさらに脳活動の高閾値（百二十ヘルツ以上）にまで上昇します。

人がアルクトゥルスの宇宙船に乗った体験というのは、次元を超えてミクロトンネルがへそのチャクラ（訳注／第三チャクラ、太陽神経叢のチャクラ）とつながって、そこから精妙なエネルギー体のすべてが宇宙船の現実の波動に共鳴し同調することで起こります。このとき人は、身体にいる自分と宇宙船にいる自分とを同時並行で体験するのです。ある時点で、自分は宇宙船だけを体験していると思うかもしれませんが、これは意識が変化して、肉体の情報入力から宇宙船にいる高次元体の情報入力へと気づきがシフトしたことによるものです。心身がこの状態になると、人はほんのわずかの時間に膨大な情報を受けとって、途方もない量の知識を得ることができます。私たちの伝達はおもに、言語を使わないホログラフィックなテレパシーで行われるからです。

ゆえに、本人にとっては三次元世界の時計から判断してわずか数分しか宇宙船に滞在していなかったとしても、アルクトゥルスの宇宙船という高次の現実においては、莫大な情報と気づきがダウンロードされていた可能性があるのです。

現実

基本現実、並行現実、代替現実、多次元的現実――よくこのように分類される「現実《リアリティ》」の性質を考察してみましょう。

知覚されたものの分類はみな知覚者によって変わります。科学を含め、すべての知識体系はつねに更新されるものです。分類や体系とは知性の向上を推進すべきものであり、知性を後退させるものであってはなりません。

三次元空間での身体をもった人生は、あなたの現実の「基本」です。これは人間の神経系が五感によって世界を把握するからです。あなたの神経系は、あなたの身体が存在する特定の波動レベルに同調しています。そうでなければ、すぐに生物としての死に直結してしまうでしょう。知覚情報をふるい分ける最初のフィルターとして、人間の神経系には「生存」がしっかりと埋設されているのです。

こうして、神経系はあなたがいる三次元の現実にあなたを固定して――あるいは束縛して――いるわけです。しかしながら、人間の神経系には生まれつき、生物的存在としての制約をはるかに超えた別の次元や現実を体験する能力がそなわっています。

あなたは量子場を活動させるジェネレーターのようなもので、精妙な次元の現実に影響をおよぼすのです。これはつまり、自分という存在の「基本」となる現実でとった行動が、原子や素粒子のレベルだけでなく、日常のより明白なレベルでも反響を引き起こすという意味です。

これはきわめて抽象的なところなので、もう少し詳しくお話ししましょう。

あなたが生活を根本的に変えるような決断をすると、多次元的な出来事が活動を開始します。たとえばどこかに引っ越すことを決めたとしましょう。そうすると三次元レベルでは、家財や荷物を新しい場所へと、時間と空間の中で重力場にさからって移動させることになります。時間と空間と言ったのは、あなたがたの経験では、物体を別の場所に移すためには空間の中を動かしていかなければならず、そしてそれには必然的に一定の時間がかかってしまうからです。

これが、あなたがたが三次元の現実と呼ぶ、第三レベルで身体をもった存在のニュートン的現実です。では、その表面の奥では何が起こっているのか、ちょっと見ていきましょう。

あなたが引っ越しを決めたとき、思考はすでに創造を始めています。新しい家では何をどこに置こうか、どう配置しようかと空想をふくらませます。新しく何かを購入しなくてはと決心するかもしれません。それは外側から眺めればクリエイティブな空想にすぎなくても、私たちからは、量子場のジェネレーターとしてのあなたが、その意図と集中力によって量子の領域に作用しているのが見えます。

もしもあなたが強力な量子場のジェネレーターであれば――すべての人がそうとは言えませんが――こうしたクリエイティブな空想を通じて、自分の持ち物を現実の時間（つまり時計時間）の中で移動させることを促すでしょう。引っ越しを決めたあなたは、新しい住まいについて創造的な考えに夢中になります。つまり知らないうちに、想念の力を使って新しい現実を形成しているのです。あなたは自分の想念が量子の世界にどう作用しているのか見えなくても、その結果を形で見ることができます。ただし必ずしもその結果かどうかは断言できませんが。

多くの人々にとって、引っ越しの荷物は物理的に自分で運ぶか、誰かほかの人に運んでもらわなくてはなりません。でも、あなたがそれについてどう考えるかで、その能率や恩恵になにがしかの影響をおよぼすことはできるのです。

たとえば、新しい住まいでカウチソファが必要になったとします。あなたは心の中で、ガレージセールで気に入ったカウチソファが見つかるところを想像します。それとも誰かがプレゼントしてくれたり、お店のセールで売り出されているシーンが思い浮かぶでしょうか。あるいは、結局いいものが見つからず、床に座っている自分のイメージが見えるでしょうか。

私たちの見方では、こうした想像からはそれぞれに並行現実が生まれる可能性があります。「可能性」と言ったのは、漫然とした思いからは並行現実は生まれないからです。しかし想念パターンに充分な強さがあれば、それは量子場に作用し、基本現実とともに同時進行している並行現実を持つことになるでしょう。

並行現実

並行現実を考えるときに大事なのは、すべての思いから並行現実が生まれるわけではないのを明確に理解しておくことです。思いは持ちこたえ、増幅され、方向づけられなければなりません。真の並行現実の創造には、この三つの課題がクリアされる必要があるのですが、ほとんどの人はこれができません。やり方を知らないのではなく、そこに専念することをあまり好まない傾向があるようです。

本書を読んでいる皆さんの多くが、今の人生で高次の進化した現実を生きることに関心を持っているでしょう。実生活の中でこの課題にどう向き合うかが、あなたの人生の質と知的進化を決め、解放もしくは束縛をどれほど経験するかを決定づけることになります。人間にかぎらず、どのような存在であれ、この課題には自分自身で取り組まなくてはなりません。

あなたがたの役に立つことを願いつつ、この課題に私たちアルクトゥルス人がどう取り組んでいるかをお話ししたいと思います。

まず、私たちアルクトゥルス人は新奇なパワーを信じています。あらゆる行動の前提として、私たちの住む宇宙は奇妙で矛盾に満ちているという明確な認識があるのです。私たちは行動派ですから、まず何らかの行動をとることが基本です。その最初の行動はつねに、状況をできるだけ多くの視座で理性的に見定めることから始めます。それには二つの理由があります。一つは、可能なかぎり効果的に包括的に理解するためであり、もう一つは自分勝手な迷妄に陥らないようにするためです。

きわめて気づきの高い存在を除けば、どんな存在でも世界は自分たちの選択を中心にまわっていると考えがちです。ですから、私たちはできるだけ多くの視座から自身の行動を精細に検討し、計画の実現性と不備をよく見据えるようにしています。

アルクトゥルス人はとるべき行動を素早く見きわめます。すべての選択肢を検討し終えるまで行動しないわけではありません。そして選択がなされれば、それは任務となります。私たちは望みを実現させるためにすべてを投じ、事態を観察し、必要に応じて調整を図り、達成へと導き、それらを臨機応変に組み合わせていくのです。

このプロセス全体がどれだけ長期に渡ろうと、つねに別の角度から見直して熟慮を重ねます。その場になって新たな情報がわかれば行動を変えることもあります。私たちは任務への一意専心によって量子の領域に作用できることを知っているのです。気が変わったり、迷いが生じることはまずありません。アプローチの方法を変えたとしても、それは意志を曲げたわけでなく、知性による吟味の結果です。

新しい現実や結果を創造する試みがうまくいかないことについて、私からあなたがた地球人類に忠告できることがあるとしたら、それは結果を見るまで行動しつづけるという持続性に欠けるからです。

これを量子力学の面から言えば、望む結果を支えるだけの磁性を帯びた思考を維持することができないということになります。

代替現実

人間にはたくさんの自分が存在します。肯定的な自分もいれば、かなり否定的な自分もいるでしょう。ちょっと考えてみてください。あなたがたは、いい一日を過ごすと明るい気分になりやすく、周囲もその色に染まります。それはあなたが世界をどう見るかに影響して、まわりとどう関わり、どう行動するかを決定づけます。

いっぽう、うまくいかない一日を過ごすと暗い気分になるでしょう。あなたが鬱々としているとき、世界はまったく異なって見えます。世界はなにも変わっていないのに、あなたの感情のフィルターが入れ替わったのです。自分の感情とそのフィルターをどうあつかうか、これは人間の成長にとって重要な分水嶺と言えるでしょう。

こうして眺めてみると、数多くの「私」が存在しています。どの「私」にもそれぞれ感情の色調と波動があって、それが思考と感情の現実をつくりだしているのです。そしてその思考と感情の現実は、あなたがどう知覚するかに影響し、どんな行動をとるかに影響し、究極的にはここで「基本現実」と呼ぶものに影響をおよぼします。

感情のフィルターは学習して身につけた習慣です。しかしこのレベルの存在が習得すべきなのは、あなたが望む世界を体験できるフィルターを選択することなのです。

こうした感情のフィルターや気分を馬にたとえてみましょう。馬車を引く馬たちがばらばらな方向に進もうとしたら、馬車は遠くまでは行けません。けれども馬たちを一つの調和した波動に束ねると、馬車は力強く前進していけます。そのとき、あなたの力は現実に影響をおよぼすことができるのです。

多次元的な現実

この分類の最後のカテゴリーは多次元的現実です。こうした見方では、多次元性とは単に自分が生きているすべての次元の総和にすぎません。人類にとっての課題——私たちはそれを「チャンス」と呼びたいですが——は、自分自身の多次元的現実に気づくことです。しかし皮肉なことに、あなたがたにはすでに多次元の現実があるのです。

あなたにはもともと多次元的な性質があるにもかかわらず、三次元だけが唯一の現実だと信じ込むように知覚を訓練され、そこに縛られてきました。

たとえ誰かにそそのかされたにせよ、身体的な生命がすべてだとか、あるいは死後の生命は崇高な力の意志によって支配されるなどと信じ込まされているとすれば、それはあなたが自分の多次元的な直接知覚を遮断してしまっているということです。

人間としてのあなたの生命は、地球に根ざしているとともに宇宙的な存在でもあります。つまり、あなたは宇宙全体にアクセスできるだけでなく、そのすべてを超越しているのです。じつに壮大な現実です。それがあなたの多次元的性質であり、あなたであるものです。ほとんどの人にとって最初の一歩になるのは、これまで聞かされてきた嘘から抜け出すことです。そして次の一歩は、自分自身の多次元性をじかに体験することです。そうすれば、それは信仰の問題などでなく、知性と確信の問題だとわかるでしょう。

あなたがたのＤＮＡは無数の超銀河文明から来ています。あなたがたは今や高速軌道に入り、大きく進化する可能性を秘めているのです。あなたがそれを選ぶなら、現在を生き、過去を取り戻し、輝かしい未来をつくりだすでしょう。

フレフィオス

3

エナンドラ

アルクトゥルス文明のアカシック図書館司書

私はエナンドラとして知られています。アルクトゥルス文明のいわゆるアカシック図書館の司書として「アルクトゥルス史」を管理している者です。

私はアルクトゥルス人のジレンマについて話をするよう依頼されました。一千万年にわたり、私はアルクトゥルスのアカシックレコードの管理人をしていますが、サナート・クマラがあなたがたの惑星と交流していることを知ったのは、この任務についてまだ間もない頃でした。

まず、アルクトゥルスの歴史の記憶がどのように保たれているのかをお話ししましょう。ここまでの登場者が述べたとおり、私たちの主な言語はテレパシーによるホログラムです。ホログラムとは、あらゆる出来事が過去、現在、そして未来の可能性と同時に結びついて保持されている情報の場なのです。そこにはあなたがたの言語のような句読点や語順といった制約もありません。

アルクトゥルス人にとって、テレパシーのホログラムはたいてい球状をしていますが、それ以外の幾何学形状をとることもあります。アルクトゥルス文明のアカシック図書館には、かつてアルクトゥルス人によって生み出された、ありとあらゆるテレパシーのホログラムが収められています。これはじつに厖大な量の情報です。

地球の言語においても同様ですが、問いの答えは、問いそのものによって決まります。ですから正しい問いを立てなければなりません。

アルクトゥルスのアカシック図書館の全情報は、アルクトゥルスと関係のある存在ごとに類別されています。そしてあらゆる情報は、関連する過去・現在・未来と照合できるようになっており、そのすべてが同時にホログラフィ情報検索システムの中に存在しているのです。

あなたがたなら、それをスーパーコンピュータと呼ぶかもしれませんが、私たちの処理装置はいうなれば光そのものです。私たちのテクノロジーのほとんどで、根本的な原理に光が使われているのです。そのため、アルクトゥルスのジレンマに関する見解を話すよう要請された私も、過去と現在、そして未来の可能性に関する大量の情報を相互に照らし合わせる必要がありました。

現在の地球人類との関係における私たちのジレンマは、最初に出会ったときから同じです。それは生命と知性と自由を守るというアルクトゥルス人の使命から来ています。私は個人的に、科学技官のエクタラが言い添えた「守り甲斐のある場合に」という一節に共感しています。私の観点からはすべての生命に永遠不滅の価値があるとは思えませんが、それはあくまで哲学的な考察であって、ここで求められている公的な立場での見解ではありません。

それでも私たちの意図のために、アルクトゥルス人にはジレンマが存在しています。

超銀河文明であり探求者である私たちは、より低い次元の現実の生命と知性と自由をいかにして守っていくべきでしょうか？　具体的に言えば、これは三次元の現実に住んでいる地球人類のことです。

最初に持ち上がる問題は、次元間の不一致です。私たちの文明の大部分は五次元に存在しており、テクノロジーも五次元のものです。なかにはもっと高い次元まで進化している者もいますが、集団としては五次元のレンズを通して現実を見ています。いっぽう生物有機体である人類は、神経系というレンズを通して現実を体験しています。あなたがたの神経系は三次元特有の課題のために充分かつ完璧に発達したレンズなのです。

また地球人類は、少なくとも肉体は重力に縛られています。私たちは地球の重力の井戸にはまり込んでしまうことはありません。あなたがたは言葉という原始的な一連の音声によって互いの意思を伝えあいます。私たちの音声の使い方は異なります。テレパシーによるホログラフィ交信の始めと終わりの合図として、音声を用いるのです。

あなたがたのDNAには、アヌンナキによって、高次元の力に対しては奴隷となるような指示がコード化されています。いうなれば、遺伝子構造にやっかいな障害物が埋め込まれているのです。そのため種としての地球人類は、異次元からの存在を神と見なして崇めてしまう傾向があります。そうすると、私たちアルクトゥルス人は三次元の存在であるあなたがたと交流するとき、非常に複雑なジレンマに直面することになります。

私たちは銀河を超えた探求者の文明として、生命と知性と自由を守るという使命に駆りたてられ、技術的にも進歩をとげるにつれて、この重大な使命を宇宙のさらに奥へと広げていきました。

少なくとも充分みずからを省察できるまでに長く持ちこたえてきた文明なら皆そうであるように、私たちアルクトゥルス人も自分たちの方向性に内在する瑕疵《かし》に気づきはじめています。はじめにサナート・クマラがこのことに触れましたが、それは私たちの心、感性や感情の性質にかかわる問題です。

たしかにアルクトゥルスの装備はかなり進化していますが、私たちは全知でも全能でもありません。あなたがたと同じように、みずからの性質ゆえの弱点にさらされています。それはどんな次元であろうと、すべての存在にとって同じなのです。

私がこのような情報をあなたがたに打ち明けるよう要請されたのも、アルクトゥルス人を救世主と見なすような考えから神秘性と神話性をはぎとる試みの一つでしょう。私たちはずいぶん久しく、そして今も、あなたがたの太陽系と天の川銀河と呼ばれる宙域の守護にあたっていますが、私たちにも限界はあります。その限界とは、次元による違いや、より低い波動レベルの現実で生きるとはどういうことなのかを充分に理解できていないところに起因しているのです。私たちが三次元の文明として存在していたのは、はるか大昔のことです。あまりにも遠すぎる記憶です。私たちはすでに五次元の世界に存在しています。ですから、あなたがたとの違いから、どうしてもギャップが生じてしまうのです。

私は人類の二十一世紀初期の現実を見ながら、それと同時に過去も未来の可能性も見えています。あなたがたの遺伝的潜在力がアヌンナキのせいで制限されていることは間違いありません。ＤＮＡに遺伝子操作がなされているのです。人類の遺伝科学の進歩にまつわる過去と未来の可能性を同時に眺めていると、とても興味深いものがあります。あなたがたの科学技術はいまや遺伝情報を操作できるところまで来ています。これには肯定的な面と否定的な面があります。もし私が今の先進国の精神的な空気について述べるとすれば、アヌンナキの操作に従順でいようとする人々のあいだに存在する、強い緊張状態を挙げるでしょう。つまり、神という概念に服従せずにいられない人々のことです。原理主義者たちの宗教は、いま起ころうとしていることを察し、それには関わりたくないと感じています。

何が起きるのかというと、人間のDNAのコドンになされたアヌンナキの遺伝子操作が暴かれるのです。それはあなたがたの二十五年くらい未来でしょう。人間のDNAの二重螺旋がすっかり解明され、その複雑な構造のすべてが判明したとき、ある小さな変則が見つかります。これがアヌンナキの遺伝子操作なのです。

それはなんと強烈な瞬間でしょう。あなたがたの束縛の源が科学によって発見されるのです。そこに、大きな二極化が起こります。「神の意志」(アヌンナキの策略)を信じつづける人々と、そこから解き放たれてみずから創造神／女神になろうとする人々とに二分されるでしょう。

しかもこの時期にはさらなる可能性も存在しています。それは生命の——少なくともその大半の——滅亡の可能性としか言いようがありません。私の見たところ、人類にとって今が決定的に重要なときです。そして私たちアルクトゥルス人のジレンマは、この激動の時代を渡っていくあなたがたをどう手助けすべきかということです。

さきにアルクトゥルス人と地球人の差違についてお話ししましたが、この知覚のギャップは高い次元を見上げる側にも、また高次元から低い次元を見下ろす側にも影響しています。私たちはまだこのジレンマを解決できていません。これはいまだ実験中で、私たちアルクトゥルス文明に集団的に心の希求が浮上してきたことで複雑な様相になっているのです。

今、アルクトゥルス人のなかに、使命がどんなものであろうと、それは心の感性によって和らげられるべきだという理解が波のように押し寄せています。過去において私たちは、自分が使命だと見なすものに忠実であろうとするあまり、心で感じるものを捨て去ってきました。しかしこのような使命へのとらえ方もまた、あらゆることと同様に、知覚者によって相対的であると言わなければなりません。

あなたがた地球人類と同じように、私たちアルクトゥルス人にも「合意された現実」、すなわち現実の真の性質と自己の存在目的についての集合的理解があります。そしてやはりあなたがたと同じく、新たに合意された現実が浮上すると、まず混乱や分裂や破壊がもたらされるのです。それによって深い自己省察と、過去の歴史や未来の方向性への熟考を余儀なくされます。

私たちもあなたがたと同じように、集団社会の一人ひとりによって恒久化される量子世界の配置を通じて、可能な時間軸をいくつも創造しています。充分な数の個人が考えを変えたとき、歴史の流れが変わるのです。あなたがたにもまったく同じことが言えます。

4

マグダラのマリア

Mary Magdalen

これを読む皆さんのなかには、聖書の登場人物に地球外からの存在がいるなどとは信じられないと思う人もいるでしょう。でも、聖書に出てくる人物の多くが別の世界から来ていることは確かです。そこに描かれている神も、地球外の進化した知性体が誤解されたものです。

ええ、じつのところ聖書に書かれている、人間であったときの私に関する記述も、かなりの部分は誤解にもとづいています。でも、それはまた別の話です。

ここでは、どのようにして私がアルクトゥルス人としての起源を知り、アルクトゥルスの放射を理解するようになったか、そしてイェシュアもまた同じアルクトゥルスの放射を持つことがわかり、二人で一つの使命を創造することになったかをお話ししましょう。

私は生まれたときから自分が人と違っていることに気づいていました。それは母もわかっていました(母に神の祝福を、いいえ、女神の祝福をと言うべきでしょう)。母はそんな私を女神イシスの神殿に連れていきました。私はそのままイシス神殿に入門し、偉大なる女神であり宇宙の母であるイシスの神秘を学び、修行を積むことになったのです。その修行には長時間の瞑想も含まれました。

瞑想のなかには、太鼓やハープなどさまざまな楽器の音色を聞きながら、変性意識に移行するための特別なやり方で身体を動かすものもありました。その動きと音によって内なる扉が開き、物質世界の束縛から解き放たれるのです。私はイシスの翼をかりて宇宙を旅しました。そしてこの修行のあいだ、しばしば自分がアルクトゥルスにいることに気づきました。イシスの翼で、あるワームホールを通ってアルクトゥルスまで運ばれたのです。ワームホールとは距離が遠く離れていても意識が近接している世界に直接通じる、抜け穴のようなものです。

私は精神統一の修行によって、自分の意志で別の世界に入ることができました。

そのような修行をしながら神殿に仕えていたあるとき、私は自分の放射がアルクトゥルス起源だと気づいたのです。それからしばらくのあいだ、私はとても奇妙なパラドックスの中にいました。つまり、神官になるための修行をしている人間の女性であると同時に、アルクトゥルス人の自分でもあるのです。人間であることとアルクトゥルスの放射はちぐはぐで、まったく釣り合いがとれませんでした。

けれども自分の放射をより深く認識するようになるにつれ、私はその授かりものと、そして何と言えばいいのでしょう、いわば試練の真価を理解し、感謝するようになっていきました。

そのような経験があったからこそ、私はアルクトゥルスなどの別の世界の放射をもつ人々のために、こうしてお話しすることにしたのです。

あなたは人間として生きながら、自分にはそれ以上の何かがあると気づいています。それはたぐいまれな試練です。では、どうすればそのユニークな放射という授かりものを、人々の誤った注目にさらすことなく自分の人生に持ち込むことができるでしょうか。集団としての人間は別の世界の放射を怪しむので、あつかい方を間違えないようにする必要があるのです。

あなたは素晴らしい宝物を持っているのに、誰もそのことに気がついていないかもしれません。あるいはその宝物を誰かに見せたばかりに、裏切られたり、差し出したものを相手の無知から誤解されたりしてきたかもしれません。

こうした問題には、放射をもつすべての人が直面しなければなりません。私の話もあなたと何も変わりありませんが、それでもお話しすることで、あなたが自分の苦難をより深く理解できるようになるのではないかと思います。私の願いは、あなた自身がその放射の真価を知り、それをありのままに受け入れて愛する道を見いだしていくことです。

もっとも単純な形において放射はエネルギーで、それ自体に知性があります。私の場合にはそれがアルクトゥルスの放射だったため、状況に対するエネルギー的な反応の性質は人間的というよりはアルクトゥルス的なものでした。また問題の解決にあたっても、人間よりアルクトゥルスの知性をよく使っていました。仲間にとっては奇異で風変わりに映ったようですが、霊能力の発達した人には、私が自分の性質である放射によって行動していることは明白でした。そのように、放射はその人のありかたやふるまい方となって外に表われるので、その世界の人間としての個人が示す性質とは異質だったり、もしくは正反対だったりもするのです。

さて、イシス神殿のつづきを話しましょう。私にとって何より幸いしたのは、その神殿の女性大神官が私の潜在能力だけでなく放射も見抜ける人だったことです。私のような者のあつかいもよく心得ていました。私は頑固者でしたから、ずいぶん手を焼かせたと思います。それはアルクトゥルスの放射ゆえでした。アルクトゥルス人は行動派で、どんな対立もためらうことなく正面から立ち向かいます。師はそんな私を根気づよく指導してくれました。そして神殿の奥まった至聖所でともに瞑想に入ったとき、彼女は深い瞑想を通じて私の放射を明かしてくれたのです。

修行を始めてから一年が経つ頃、師から新たな課程に進むよう言われました。そして私は「イシスの性魔術」と「ホルスの錬金術」の奥深い神秘を学ぶことになったのです。今こうして話していても、彼女への愛と敬意で涙がこみあげそうになり、まだ俗世界での任務を開始する前の、神殿での苦労のない日々がなつかしく思い出されます。

「イシスの性魔術」は、もっとも神聖な道と見なされていました。性エネルギーを使って個人の意識を変容させ、脊柱基底部に眠るヘビを目覚めさせて、高次の脳中枢までのチャクラの聖なる通路であるジェッドを上昇させることで、別の世界への扉を開きます。そして脳の奥の至聖所で起こる、聖なる結婚を通して個人の意識を一体化するのです。

当時の私にはわかりませんでしたが、のちにイェシュアと出会ってから、師がなぜ私をこの課程に進ませたのか理解できるようになりました。そのときには神殿の大神官になるための修行をしているとばかり思っていたのです。よもや自分が高次の性魔術をあつかう神官になるとか、夫になる人との結びつきにこの叡智を使うことになろうとは夢にも知りませんでした。私は一生涯、純潔を守り抜くつもりでした。なぜかというと神殿の女性大神官たちはみずからの性エネルギーが燃えたぎるまで涵養し、その圧力によって別の世界に飛び込んでいくからです。私自身もその道に入るものと思っていたので、「イシスの性魔術」の奥義を学ぶよう師から言われたときはほんとうに驚愕しました。

私が性的変容の科学と技法を学び、「ホルスの錬金術」の修行も完了すると、任務を開始する準備がととのったと師は見てとりました。

「イシスの性魔術」の大神官になるための最終イニシエーションがすむと、奥の至聖所へと師にいざなわれ、ヘビの腕輪を授けられました。これは知る者のみぞ知る、高次のイニシエートと「イシスの性魔術」のマスターであることを示すシンボルなのです。

そしてある日、私は井戸端でイェシュアに出会いました。すると、そばにいたイェシュアの母マリアが私の腕輪に気づきました。彼女もやはりイシスのイニシエートだったのです。私はイェシュアの目を見て、それから彼の母マリアの目を見、その瞬間、神殿の師が私に運命の針路の変更を命じた理由を理解しました。それまで眠っていた内なる放射がついに任務を開始したのです。その任務は私が人間の女性の身体に生まれるずっと前から計画されていたもので、この話にはイェシュアと聖母マリアと私の聖なる三位一体が重要な役割を果たしていました。言葉というのは皮肉なものです。

つまり、放射にまつわる記憶喪失こそ、放射の最大の特徴だと言いたいのです。私は自分がほかの人と違うことは知っていました。でも知ってはいても、どうしてなのか理由はわかりませんでした。母はそれに気づいて私をイシス神殿に連れていきました。神殿の女性大神官にはその理由が見えました。そして私は母のもとを離れて大神官にあずけられることになり、人生の新しい章が始まったのです。しかしこのときもまだ放射のことは何もわかりませんでした。変性意識でアルクトゥルスのポータルに飛び込んだときでさえ、自分の放射を理解できていなかったのです。

やがて師の翼に連れられて私は自分の放射を学びはじめ、少しずつ理解を深めていきました。それでもいま思うと興味深いことに、あの日イェシュアの目を見るまでは完璧な理解には到れなかったのです。ひとめ彼を見た瞬間、私はすべてを思い出して思考が砕け散り、彼への愛で心がはじけ飛びました。そして断片化された自分をとおして聖母マリアの目を見ると、彼女も私を認め、私はひらめきに打たれたように一瞬にして自分の放射と使命の目的をすべて悟ったのです。こうしてその日の井戸端で、瞬時に何もかもが明らかになりました。なんという奇妙な、そしてまた型通りの話なのでしょう。

イェシュアと私は深く理解しあうにつれ、一つの使命を共有していることがわかりました。彼は世の中に出ていき、私はその影となるのです。それは私にとって何の問題もないことで、今でもそうです。それも私の任務の一部であり、イシスの神秘によって得た宇宙のパワーをイェシュアに伝えることもそこに含まれていたのです。

私たちは愛の営みによって一緒に高次のタントラに入り、しばしば同時に二箇所にいるのを経験しました。身体は抱擁とエクスタシーを体験しながら、二人でアルクトゥルスに存在して力を伝授される儀式に参加したり、ときには再生チェンバーに入って、人間としての存在をアルクトゥルスのテクノロジーで強化したりすることもありました。

放射のよく似た二人が一緒になると、途方もないパワーと創造性が手に入ります。私たちは二人だけで過ごすとき、言葉ではとても説明できないようなエクスタシーを身体と心で分かち合いながら、ともに高次元世界へと飛翔したのです。それは私の生涯でもっとも充実した時期でした。俗世界から離れ、イェシュアと二人きりでいられたのです。

けれども私たちには俗世界で果たすべき使命がありました。その使命について語り出せばとても長い話になりますが、それは今回のテーマではありません。

この本の中で、イェシュアも彼自身の使命と心の板ばさみの体験を手短に話すことを買って出ています。その問題については、今でも私たちは一緒にいる九次元意識の領域でよく語り合います。

私は女性として、つまり人間の女性として、心の希求をよく理解しています。ですからアルクトゥルス文明がついにこのパラドックスに注目しはじめたことを、とても歓迎しているのです。どうなるかはまだわかりません。でもアルクトゥルス文明が出す答えですから、きわめて知恵にとんだユニークな解決策になるに違いありません。

では、私がどうしてここにやって来たのか、そのいちばんの理由をお話ししましょう。これらの言葉を読んでいる皆さんのなかには、異なった世界の放射をもつ人が大勢います。今の時代、人間として生きていながら別の世界の放射をもつ人がたくさん存在しています。これは、地球人類がいかに頻繁に地球外の知性体から影響を受けてきたかということです。人間であることと、それらの放射のあいだには、圧力がかかるかもしれませんが、これは炭素をダイヤモンドに変えるような圧力です。もしあなたがその圧力に耐えられれば、人生からすばらしい価値を引き出すことができるでしょう。アルクトゥルスの放射をもつ人間として生きた経験から言うと、そこにはそれだけの価値があり、けっして返上したいとは思わないはずです。

地球外の放射をもつ人々には、この興味深い、しかしまだ発達途上の惑星における人生で多くの恵みと幸運があるよう願ってやみません。あなたの放射が人類への祝福となり、この地上での体験があなたへの祝福となりますように。

5

イェシュア・ベン・ヨセフ

Yeshua ben Joseph

私もアルクトゥルス人ですが、サナート・クマラではありません。おそらくこれを読んでいる人々の多くは、私をイェシュア、あるいはナザレのイエスという名で知っているでしょう。私についての、また私の言葉についての誤解をいくつか明らかにしたいと思います。

私はアルクトゥルス人です。私の放射の一つが人間の姿をとってこの地球上で生きたことがあります。聖書は大きく歪曲された文書であり、そこには母である聖母マリアが「聖霊」によって「処女懐胎」して私が生まれたと記されています。

事実を言うと、それはアルクトゥルス人による懐胎でした。二人の結びつきによって私が生まれ、私は人間の身体をしていましたが、遺伝子の半分はアルクトゥルス人のものでした。言い換えれば、母は地球人、父はアルクトゥルス人だったということです。私はアルクトゥルスの性質ゆえに、たやすく瞑想意識に入り、五次元の自分とつながることができました。イエスとしての私は、五次元にいる私のほんの小さな一部でした。

今から二千年前に、地球人として生きながら、自分の半分が非常に進化した地球外の存在であるということが、どれほど奇妙なものか想像がつくでしょうか。

私は成人して自分のことがよくわかってくると、自分の五次元にそなわったテクノロジーを使えることに気づきました。私が起こした奇跡として記録されているものごとの多くは、この五次元のテクノロジーを使ったものでした。

私のメッセージはいたってシンプルでした。

「たがいに愛し合いなさい」というものです。

他者に共感するという資質はアルクトゥルス人の特徴なのです。

自分の使命についても、もっとシンプルに考えていました。愚かさや欲、思い上がり、他者を支配したい欲求などといった人間の性質からくる反発があれほど強いとは思いませんでした。

新約聖書の福音書には、私が復活したとき、私の身体は墓所から消えたことが記されています。それは私自身がアルクトゥルスのテクノロジーを使ってそうしたのです。しかし人々にはまるで理解できなかったため、そのことにはいっさい触れられていません。私は単にアルクトゥルスの光形成技術を用い、身体の原子構造を五次元に転換しただけでした。

私が死んで地上から姿を消すと、たちどころに内紛や嫉妬の渦が巻き起こりました。もっとも進化した最愛の弟子は、実際には私の師でもあった妻のマグダラのマリア（マグダレン）でした。けれども不幸なことに、彼女はほかの弟子たちの偏狭で愚かな考えによって追放されてしまいました。

私は自分もまたサナート・クマラとよく似た選択に直面していたことに、大きな悲哀と驚きを感じないわけにいきません。アルクトゥルス人にとってはつねに使命が最優先であり、そのことが心に影を落とす結果になります。私は最愛のマグダラのマリアと、私たちの娘を残して旅立ちました——この事実は福音書には書かれていませんが。

私もサナート・クマラと同じように、当時をふりかえって煩悶しています。私はまた同じことをくり返すのだろうか、と。

アルクトゥルス人は使命の遂行と心の希求をバランスさせなければならない、というサナート・クマラの言葉に私もまったく同感です。

私は今、愛するマグダラのマリアとともにいることで癒されていますが、私が残した言葉をめぐる成りゆきには落胆しています。私の信者だと称する人々は、自分の力でそこに到達しようとする代わりに、私を救済者と見なしているのです。それは私が望んだことでも言ったことでもありません。私の言葉は数多くの言語に翻訳されていますが、そのほとんどは不正確です。私が伝えようとしたメッセージの本質は、人はみずからの生命と知性と自由を高めることによって救われる、というものでした。

私の真実がこれほどまでに歪曲されてしまったのは哀しく残念なことですが、理解はできます。

私が「救われる」と言うとき、それは「低次元の生命から救われ、無知の闇から救われ、魂の牢獄から救われる」という意味なのです。

教義を信じ、私が再来して生命の濫用、無知の闇、魂の牢獄から救い出してくれるだろうと待ち望んでいる人々は、深い失望を味わうことになるでしょう。

私の最大の悔いは、マグダラのマリアを置き去りにしたことに加え、人生で一時的とはいえ娘を失ったことです。私の頭は使命のことでいっぱいでした。今やその使命は完了しましたが、地球上で私の名のもとに繰りひろげられている事態を目にすると胸が悪くなります。

私の名を騙《かた》り、愛でなく憎しみを煽《あお》る者たちが、どうしてキリスト者《クリスチャン》であり得るでしょう。アルクトゥルス人としての私にとっては、まさか自分のメッセージがそこまで歪曲されてしまうなど想像もできません。しかしながら人間として地上に生きたことのある私としては、それも理解できるのです。

サナート・クマラも述べていたように、超銀河的存在のなかには博愛的な存在もいれば邪悪な存在もいます。親切な者もいれば、そうでない者もいます。そしてそれは人間も同じなのです。これは一人ひとりが自分自身に問うべきことです。

あなた自身は世界の博愛的な力、邪悪な力のどちらでありたいでしょうか。

あなたが今の人生を博愛的な意図から生きたいなら、私はあなたを心から歓迎します。みずからをキリスト者と呼んでいるかどうかは関係ありません。

もしあなたが人生を邪悪な意図から生き、世界に憎しみを広げようとしているなら、キリスト者を名乗ってはなりません。

私イエスの名において、それを要請します。

6

アジュロン

アルクトゥルスの元医師

私がここで話すことを要請されるとは思いませんでした。かつて私はドクター・アジュロンとして知られ、アルクトゥルスの宇宙船で医師をしていました。宇宙に出没する無法者たちとの小競り合いが戦闘に発展し、私はそれに巻き込まれて戦死しました。地球を防衛するために起きたことです。

現在、私はただアジュロンと呼ばれています。いまは十次元にいて、アルクトゥルスの現実世界ともごくわずかな結びつきしかないからです。今の状態はアルクトゥルスという夢の外側にいるようなもので、ここから見ると、医師として精力的に使命を果たしていた当時の自分の現実は遠い幻想のように思えます。

十次元の光の存在である私の性質を説明するのは容易なことではありません。引き合いに出せるものがほとんど何もないからです。九次元までは姿かたちとして体験できるものがありますが、十次元以上の現実になると、人間に似たアルクトゥルス人の姿も光の幾何学パターンになるのです。

十次元への移行は唐突でした。おそらくそれは、人間が死に際して感じる方向感覚の喪失のようなものと言えばいいでしょうか。

身体からの感覚入力がとつぜん消えて、自分が長くゆるやかな階段状の通廊をのぼっているような気がしました。私は階段をのぼりながら、自分は死んでいて、より高い波動レベルの存在に移ろうとしていることがわかりました。

すると選択の地点に出ました。ふたたびアルクトゥルス人として転生するか、それとも、もっと高次元の現実に行くかを選ぶことができました。私は後者を選びました。理由の一端は、私の旺盛な好奇心です。好奇心はつねに私の最大の友でした。アルクトゥルスの医学で傑出した業績を残せたのも、この好奇心のおかげでした。しかし私はもうアルクトゥルス人ではなく、アルクトゥルス的な質をもつ光の回転球とでもいうものであり、過去の使命から自由になって自己省察の場にいます。

この視座から見ていて、もっとも興味深いのは、サナート・クマラが彼自身のいくつかの選択を再検討し、使命の要求と心の希求を秤にかけていることです。

アルクトゥルス人はつねに使命に没頭しています。それこそが彼らの性質なのです。そこへサナート・クマラが心の声とのバランスという問題を持ち込んだことは、決して小さなことではありません。ほかの文明と同じように、アルクトゥルスも進化しつづけます。文明は進化するか退化するかのいずれかで、同じ状態にとどまっていることはありません。

長老の一人であるサナート・クマラのそうした思索は、多くの進歩的なアルクトゥルス人たちのものでもあります。このジレンマを外側から眺めているのは不思議なものです。

十次元の光の存在における他者との関係は、アルクトゥルス人のときの経験とはずいぶん異なります。

情報処理のしかたも以前と同じではありません。頭と心に分けられるような体験の区別さえないのです。私はただ共感力を帯びた、光り輝く気づきなのです。

すでに述べたように、私はこの十次元世界をはじめて体験しています。今も十次元という現実の性質がつぎつぎと明らかになるのを体験しているところで、どうして私の心象を話すよう依頼されたのだろうかと考えています。

アルクトゥルス人の心にはとても深い傷があります。それは頭と心の相反性から生じています。多くの地球人にもこれと同じような心の傷があるはずです。

私もアルクトゥルス人としての自分を経験していたときは、どんな使命であろうと全身全霊をささげ、その使命に生きていました。心の奥から疑問が湧いてきても、使命のために意志の力で抑えました。アルクトゥルス人にとってそれはほとんど自動的な反応で、文化的にもそのように期待されていたのです。

ところが今、サナート・クマラのような文明の長老たちが、この思考と感情の分裂に気づき、疑問を投げかけています。アルクトゥルスの同胞たちには前代未聞の事態です。そのようなアルクトゥルス人や地球人のジレンマを、私は外側からそれを超えた意識で見つめています。

アルクトゥルス人の精神には集合的な悲しみの波が起こっています。アルクトゥルス人の感じ方は地球人と同じではありませんが、感情におそわれ、ときにはのみ込まれてしまうこともあります。アルクトゥルス人の、心の希求と使命への献身という相反性にまつわる悲しみの波は、ある集団的な責務と並行して起こっているのです。その責務とは、あなたがたの宙域を宇宙の無法者たちから守ることです。

地球人の世界は、すでにそうした介入者たちからずいぶん干渉や操作を受けてきました。

十次元の光の存在でいるのは非常におかしなものです。私はまだアルクトゥルス文明や、自分が勤務していた宇宙船の乗組員たちと感情的な絆でつながっています。そして彼らの中に程度の差こそあれ、違和感があるのが潜在的な共感力によって伝わってきます。この違和感は、何かが間違っているという集合的な気づきから生じています。

今という時点でのアルクトゥルス人のジレンマを要約すれば、それはある根本的な問いにもとづいています。その問いとは、どうすれば自分の心をないがしろにすることなく使命に忠実であれるか、そしてどうすれば使命をないがしろにせず自分の心に忠実であれるかということです。

私は医療の性質に関する自分の心象や新たな理解についても話すよう求められています。おもしろいことに、医療の仕事に対する興味は十次元の世界でも持続しています。それは不思議なほど楽しく、心やすらぐことです。ここには何の医療器具もありません。どのみち私には手がないので、それらを握ったり使ったりすることもできません。身体もありません。私は光の回転球なのです。

にもかかわらず、死を通過してこの十次元の現実をいくらか意識しはじめるやいなや、治療への意欲がわいてきました。そして新しい光の使い方を発見したのです。それは私の意図と、回転する光の場である私の光の線維《フィラメント》を融合するという方法でした。私はアルクトゥルスの宇宙船の仲間たちに深い絆を感じていたため、そこに引き寄せられていき、以前の患者たちのもとを訪れては眠っているあいだに治療のつづきを行いました——もちろん医療器具は使わず、私の意図と光の性質だけで。

今は地球人を癒す高次元のヒーラーもおり、そのほとんどは就寝中に行われます。私がこの話をしているのは、あなたも高次元のヒーラーを呼ぶことができるからです。眠りにつく前に癒しを依頼するだけでよいのです。

それはあなたが求めなければ受けられません。そのために私はこうして知らせに来ています。誰でも高次元のヒーラーに癒してもらうことはできますが、それにはあなたからの依頼が必要なのです。また「自分には癒される価値などない」と感じている人は、まずその思い込みを超越しなければなりません。この話はそれ自体で一つの大きなテーマになるでしょう。

高次元のヒーラーに癒してほしければ、眠りにつくときに頼んでください。あなたが求めている癒しを具体的に伝えるのです。この依頼は、頭の中の思考によって行います。あなたの要請が彼らにヒーリングを許可することになります。もともと感覚が鋭敏な人には彼らの仕事ぶりがありありとわかるでしょう。その存在をエネルギーで感じることもあれば、夢で見ることもあります。あまり敏感ではない人も、状態がよくなっていることに気づくでしょう。

どのくらい回復するかは、そのヒーラーの熟練度と、癒しを受け入れるあなたの意志によります。ゆえにこの種のヒーリングでは、可能なかぎり高度な癒しを具体的に依頼し、できるだけ優れたヒーラーが来てくれるよう要請することです。そしてもう一つ、自分はそんな癒しを受けるにふさわしくないといった思いやイメージがあれば、根こそぎ一掃する必要があります。

この二つを確実にすれば、あなたにとって最高レベルの癒しにつながるでしょう。

人類の潜在的可能性をはばむ障害物の一つは、あなたがたの偏狭な歴史観です。地球上の宗教の多くが、霊性を欠く、じつはただ単に技術的に進化していただけの異星人を神格化してきました。

エクタラ

7

イスー

アルクトゥルスの瞑想マスター

［その1］

私はイスーとして知られていますが、本名はイストコルオといいます。私はアルクトゥルスの瞑想のマスターです。アルクトゥルスのテクノロジーは外なる現実と内なる現実の両方に関与しています。それは意識と、あなたがたがコンピュータと呼ぶような技術を結びつけるテクノロジーです。私たちは五次元かそれより高次元の存在ですから、テクノロジーそのものが光の情報なのです。それらの装置は、あなたがたには実体のない利那的なものに思えるかもしれませんが、あなたがたがコンピュータに触れるのと同じように、私たちもこうした装置に触れることができます。

このテクノロジーでは、情報処理に光の波動の変化を利用します。おそらく、これについてはアルクトゥルスのほかの仲間がお話しすることでしょう。私の専門は意識や思考の分野です。

いま言ったとおり、私たちのテクノロジーは、意識とあなたがたがハードウェアと呼ぶものを接続することで成り立っています。これまでの登場者も言及しているように、良くも悪くも私たちアルクトゥルス人は地球を守護するために二重の方策をとってきました。それにはまず、地球周辺の空間を多次元にまたがって守護することが含まれます。私たちの宇宙船は直接これを実行しており、太陽系と呼ばれる宙域を宇宙の無法者たちから守るために巡回しています。

そしてもう一つの方策は、地球人とコミュニケーションするためのミクロトンネルを数多く築くことです。その目的は、あなたがたが宇宙の広大な現実に心を開くようになることです。

ここでお伝えしたいのは二つめの側面です。瞑想マスターである私の仕事は、アルクトゥルスの戦士たちが効果的に使命を果たせるように精神修養のトレーニングをすることなのです。

私は地球の皆さんにこの成長プログラムを紹介できることを光栄に思い、また大いに好奇心をかき立てられています。願わくば、あなたがたにしっかりとミクロトンネルを維持できるようになっていただきたいのです。これらの情報によって、地球文明とアルクトゥルス文明のあいだの交信回線を安定化させるという課題が達成されることが私の望みです。

この言葉を読んでいる人の全員に準備ができているとはかぎりませんが、この瞑想プログラムをとりいれる準備ができている人は、自分でそれがわかります。ある種の気づきが感じられるでしょう。

アルクトゥルス人と交信するための基礎的トレーニング

ここでの私の役目は、まずあなたがたがテレパシーでホログラムを受けとれるようトレーニングすることです。テレパシーのホログラムは、アルクトゥルス人との会話における基本的な交信手段です。それについてはエクタラとフレフィオスが非常にうまく説明しています。

これからお話しすることは、あなたがたの三次元世界のどんなことよりはるかに複雑です。テレパシーのホログラムにアクセスすると、いわば自分のギアチェンジがなされたように感じます。ものごとに対する感受性が大きく広がり、流動性あるいは可変性が感じられ、それはふだん身体としての存在では体験したことのない感覚でしょう。

はじめは自分の記憶を使って練習するのがベストです。人間の記憶はホログラフィックに蓄えられています。あなたがホログラフィックな記憶など知らないと思っていても、すべての記憶はホログラフィの状態で蓄えられているのです。私たちはそれを経験しています。

あなたがたの脳のニューロンと神経回路網は、いわばホログラフィ情報のパケットが存在できるための基本的なハードウェアなのです。

あなたの過去の記憶を使って練習してみましょう。仲間の誰かも言いましたが、私たちは時間の外にいます。そのため時間軸のとらえ方もあなたがたと異なります。私たちにとっては、あなたの過去も現在も未来も、同時に一つの見知らぬ可能性のマトリックスの中に存在しているのです。「見知らぬ可能性のマトリックス」と言ったのは、あなたの過去と現在から起こりうる、可能な未来を意味します。

おそらくあなたの頭の中では、過去は現在と未来からはっきり区別されているでしょう。身体をもって三次元世界に存在していると、過去・現在・未来を別々に分けておかなければ生き延びられません。三次元の現実をあつかうためには、過去・現在・未来の出来事はそれぞれきっちり線引きされている必要があるのです。しかしアルクトゥルス人と実際に関わるには、その線引きをはずさなければなりません。過去も、現在も、未来の可能性も、同時に見える視座から把握するように努めてください。

このことは私にとっても頭の痛い問題です。アルクトゥルスの子供たちはテレパシーでホログラムをあつかえるよう教育されますが、その能力は生まれつき潜在的にそなわっています。そして幼少期のうちにテレパシーによるホログラフィで意思を伝えあう方法を身につけます。それは地球の子供たちが言葉を憶える過程と似ています。地球の子供はまわりから言葉を学び、その言葉が神経生理機能に刷り込まれ、反射作用として習慣化していきます。アルクトゥルスの子供たちもそれと同様です。

ですからアルクトゥルスの子供たちは、教育を受ける頃にはすでにテレパシーでホログラムを使って会話できるようになっています。あとはただ会話が上達するように指導すればいいだけです。さらにアルクトゥルスの子供たちが有利なのは、もともと直線的な時間とは無縁であることです。五次元の存在ですから時間と空間の外で生きているのです。

あなたがた地球人は直線的な時間進行とともに存在し、その現実が神経生理機能に刷り込まれているので、時間の認識は反射的に起こります。それは自動的で、あなたにはどうすることもできません……今のところは。

では、やってみましょう。これから紹介するトレーニングでは、自分の過去や現在から、そして起こりうる未来からも、何かを引き出して使っていきます。

ステップ1

いちばんアクセスしやすい現在からはじめましょう。この最初のステップでは、あなたが今この瞬間に五感から得ている情報を記録します。あなたは今、この言葉を読んでいますか？　それとも誰かが読んでくれるのを聴いているのでしょうか。あなたの周りの空間を見回してください。そこにあるものすべてをよく観察し、何があるのか残らずしっかり見て、頭の中に詳しく写し取っていきます。まず、あなたの左側にあるものを見てください。次に右側にあるものを見ます。さらにあなたの前にあるもの、後ろにあるもの、それから上にあるもの、下にあるものをすべてよく見て、鮮明に記憶に焼き付けてください。

ここで六つの領域の視覚情報をもう一度よく確認します。あなたの左には何がありますか？　右には何がありますか？　前には何があるでしょう？　後ろには何がありますか？　上には何があり、そして下には何がありますか？　しばらく時間をかけて、それぞれの視覚情報を頭にしっかりと記録します。

そうしたら目を閉じて、見たものを思い出してみましょう。まず、左にあったものを思い出します。細部まで詳しく思い出せば出すほど、このトレーニングの効果は高くなります。次は右にあったものをできるだけ詳細に思い出します。前にあったものを、やはりできるだけ細部まで思い出します。後ろにあったものも細かいところまで思い出してください。それから、あなたの上にあったもの、最後に下にあったものも同様にできるだけ詳細に思い出します。

では、ここまでの六つの領域（左、右、前、後ろ、上、下）の視覚情報を一度に思い出してください。六つの視覚情報を同時に呼び出すことができたとき、意識の変化を感じるでしょう。じつはこのとき、あなたは時系列にそった直線的思考から、多次元的思考へと踏み出しているのです。

あなたがたの神経組織的な観点で言えば、これら六方位の視覚情報を一度に思い浮かべたとき、いわゆる「トランス状態」が生じます。意識のトランス状態とは、複数の焦点が合わさることで生じるのです。脳と思考活動はコインの両面ですから、何かを追跡していると、それを直線的にたどっていくことになります。多くの人は二つか三つ、人によっては四つくらいまでの焦点領域なら、直線的知覚のままでも追跡できますが、同時に六つもの焦点領域が与えられると時系列的な反射神経は破綻してしまい、ほとんどの人は直線的知覚が維持できなくなるのです。これが、意識がまったく変わってしまうという体験なのです。

なにかふわっとした感じがあり、知覚はより流動的になります。

六つの異なった領域（左、右、前、後ろ、上、下）の視覚情報の同時入力は、ホログラフィ情報の初歩的なかたちです。

以上のように、この「ステップ1」の意図は、六方位の視覚情報を同時に呼び起こす力をマスターすることです。マスターできたかどうかはあなた自身で判断してください。さまざまな環境でくり返し練習してみましょう。そうすると、身につくプロセスが加速されます。

ステップ2
六つの領域の視覚情報を充分あつかえるようになったら、次に聴覚に進みます。あなたがたの聴く力は球状の性質をしています。つまり音を聞くと、それがどこで発生したかわかるのです。脳／思考は空間のなかで音の発生源を特定し、そこに関連するイメージを形成します。ですからあなたは音を聞いて、前後左右上下とその隙間も加えた全方位三百六十度から、その発生源を突きとめることができます。

この聴覚情報を呼び起こすトレーニングをマスターしたら、それを「ステップ1」の視覚の記憶と組み合わせます。そうすると、目を開いて周囲の六つの領域を見回したとき、音もいっしょに聞こえてくるようになります。あなたのすぐそばでしている音、はるか遠くのほうから聞こえてくる音、あらゆる音に気づくでしょう。

ここからが、いよいよ面白くなってくるところです。目を閉じて、あなたが見たもの聞いたものすべて——つまり視覚情報と聴覚情報——を思い出すとき、あなたは私が「スーパートランス」と呼ぶ状態に突入することになります。つまり数学的に言えば、トランス状態の二乗ということです。

六つの視覚情報と聴覚情報が記憶の中で合わさると、深いトランス状態になります。そのときあなたは直線的な時間進行から離脱しています。あなたの脳／思考は、圧倒的な量の情報を追いかけることで精一杯になるからです。

あたかもそれは、刷り込まれていた反射的な直線的知覚がついになすすべもなく降参したかのようです。そのときあなたは変性意識状態に入り、テレパシーによるホログラフィ交信のための基礎が整ったことになるのです。

では、やってみましょう。視覚情報を思い起こし、それに聴覚情報を組み合わせるトレーニングです。まず現在のある瞬間を選び、あなたの周囲を見ます。左、右、前、後ろ、上、下の順にそれぞれよく見つめながら、まわりの音にも注意深く耳をすませます。それぞれの音が空間のどこから発生しているのかを正確にとらえるようにしましょう。

こうして視覚的心象と聴覚的心象を一つの記憶に結びつけると、あなたは「スーパートランス」という状態に入ります。どんな複合的視野からでも視覚情報と聴覚情報を呼び出せるようになるまで、たっぷり時間をかけて養うことをお勧めします。

視覚情報と聴覚情報をまとめて一つの記憶として保持することをマスターしたら、次のトレーニングに進むことができます。

ステップ3

ここまでの多次元的な感覚体験に、今度はさらに身体的な感覚を組み合わせます。

現在のある瞬間を選び、周囲を見ましょう。あなたの左側に何が見えるか、どんな音が聞こえて空間のどこで発生しているかを把握したら、そこにあなたの身体感覚情報を加えます。身体にどんな感じがしていますか？　次はあなたの右側です。何が見え、どこからどんな音が聞こえ、そして身体にどんな感覚があるのかに気づいてください。六つの視覚領域それぞれについて同じようにし、各領域の視覚情報、聴覚情報、身体感覚（あるいは感情）情報を記憶します。

最後に目を閉じて、それらのすべてを同時に思い起こしてください。

以上がテレパシーでホログラムを知覚するための基礎的トレーニングです。ここまでの三つのステップをマスターすると、アルクトゥルスから情報を受けとる能力が格段に向上します。

ただし、私は単に基礎的トレーニングのプログラムを説明したにすぎません。これをどれだけ頻繁に、どれだけ長期にわたって実践するかはあなた次第です。これらのトレーニングは回を重ねれば重ねるほど効果が出ます。つまり、ホログラフィックな知覚をテレパシーで受けとることが上手にできるようになるのです。

この次に、さらなる可能性について述べましょう。しかしそれに取り組むには、ここまでの基礎をよくマスターしていなければなりません。なかにはまれに即座に高度なトレーニングに進める人もいるようですが、ほとんどの人はその前にまず、非直線的な知覚力を充分に鍛えておく必要があります。

より高度なトレーニング

視覚、聴覚、身体感覚の情報をひとまとめに呼び出せる力をしっかり身につけた人は、以下の高度なトレーニングにもスムーズに入れるでしょう。

はじめに、過去から何か鮮明に記憶に残っていることを思い起こします。これについても現在の知覚情報とまったく同じようにしてください。つまり、過去の何かを想起したら、そのとき自分の左、右、前、後ろ、上、下に何が見えたかという視覚情報を思い出します。そこで呼び出された六つの領域の視覚情報は、実際には目という視覚器官からでなく記憶から生じているところが前と異なります。

視覚情報の次は、聴覚情報に進みます。そしてさらに身体感覚情報を加えていきましょう。すべて先のやり方と同じようにします。あなたは人間の記憶について興味深い事実に気づくでしょう。どこかに空白の領域が存在するかもしれません。自分の左や右、あるいはそれ以外の方向に、何があったのか思い出せないことがあるでしょう。また、そのときには聞こえていたはずの音が記憶から脱落していたり、思い出した記憶から身体感覚や感情の情報が消えている場合もあります。

もう一つ、人間の記憶に関して興味深い特異なところは、人はみずからその空白を埋めるということです。人間の思考はとてもクリエイティブで、実際にはなかったことも思い出してしまう可能性が充分にあるのです。なぜこんなことをお話しするかというと、過去から引き出した視覚的、聴覚的、身体感覚的な心象を絶対的な事実として受けとめないようにするためです。それらは正確かもしれないし、正確ではないかもしれません。ここでの目的は、その真偽を見分けることではなく、記憶というもののホログラフィックな性質を体験することにあります。

もっと先に進みたければ、こうして過去の記憶を何度でもくり返し調べてみてください。そうしているうちに、自分の知覚した心象が頭の中でホログラフィックに保持されているという、そのユニークな構造が次第にわかってくるでしょう。

この高度なトレーニングの最終ステップでは、未来の可能性をあつかいます。あなたがたもよく言うように、未来は石に刻まれているわけではありません。未来は融通性にとみ、たえず変化しうるものです。

可能から浮上して事実になる、その最後の一瞬までまったくわかりません。可能から事実へのプロセスのどんな時点でも、考えを変え、結果を変えることができるのです。

それでは、最終ステップです。あなたの今の人生で、これから進展していきそうなことを思い浮かべてください。念のために言っておくと、ここで何を選ぶかはさして重要な問題ではありません。生活上のことでも、崇高なことでもけっこうです。このトレーニングではそうした違いにあまり意味はないからです。あなたが求職中であれば、希望の仕事に就くことを思い描いてもいいでしょう。ミクロトンネルを開いてアルクトゥルス人と交信したいと思えば、それが実現したところでもかまいません。いまだ途上にあることなら何でもいいのです。

人生の未来にもたらしたいことを何か一つ選んだら、それをトレーニングの焦点として使います。あなたが未来において体験したいそのことを考えてください。頭の中でその可能性に足を踏み入れ、現在と過去についてしたように、まず視覚で六つの領域にアクセスし、その未来を体験してみましょう。あなたの左に、右に、そして前、後ろ、上、下に、何が見えますか？　ええ、もちろんそれらの視覚的な入力情報はあなたのイマジネーションから生み出されたもので、実際のものごとや記憶からやって来たものではありません。そして次に、そこに聴覚情報を、それから身体感覚情報を加えていきます。いずれも現在と過去のときと同じやり方です。こうしてあなたは想像力によって、起こりうる未来の多次元的な感覚体験をしたことになります。

さて、多くの人々がここでストップしてしまいます。しかしアルクトゥルス人は抵抗のパラドックスに興味があるので、もう少し先まで足を伸ばしたいと思います。もしあなたもアルクトゥルス流の考えをとり入れてみたければ、次のようなトレーニングに挑戦することができます。ちなみに、私たちがこれほどややこしいプロセスをお伝えするのも、アルクトゥルスの基本言語であるテレパシーのホログラムを受けとりやすくするためです。

代替現実としての未来を、少なくとも二つ選んでください。あなたがもっとも願っている重要な未来を選びたくなるでしょうが、ここではあえて自由奔放に発想します。別の可能性を考えてください。二つの異なった未来を選んで、これまでと同様に、それぞれについて見えるもの、聞こえるもの、感じることの知覚的心象をつくりだします。

私の提案は、何かを生み出す方法がわかったと思ったときには、つねにそれ以外にあと二つの道を見いだしておくことです。そうすることで発想が広がり、はるかに創造的になれるのです。

それでは、ここまで別々に練習してきた各ステップを、最後にひとまとめにしてやってみましょう。そうすることで、アルクトゥルスのテレパシーによるホログラフィ交信の感覚がつかめると思います。

現在の状況あるいは出来事を頭の中で思い浮かべ、そのすべての視覚、聴覚、身体感覚の情報を同時にイメージします。それとともに、この状況あるいは出来事に関係のある過去をたぐり、見えるもの、聞こえるもの、感じるものの感覚記憶をすべて思い出します。そしてさらに想像の余地があれば、ここから起こりうる未来も同じように体験してください。そうするとあなたは、過去・現在・未来の可能性の全心象が同時に存在している球状空間に入ります。

いうまでもなく、そこでは時系列的な認識は知覚されません。そのかわり、体験のカテゴリーどうしのつながりが感じられるでしょう。過去の出来事と現在の状況がどう結びついているのかが見え、未来の可能性がループ状に一巡して過去につながっているのがわかります。あなたはこうしたすべてを、時空連続体の外にある意識の視座から眺めるのです。

それら感覚情報の球状体であるホログラムの一つひとつが、象徴的に言えばあなたの手のひらにあるビー玉のようなものです。この時間そのものの外にある視座からあなたの人生の出来事が体験されたとき、認識と創造のゲームは桁外れに壮大なものになるでしょう。

ずいぶん進んだところまでお話ししてしまいましたが、大切なのは基礎をしっかりやり遂げることです。このトレーニングの最初のステップをマスターすれば、すぐにでもアルクトゥルスのテレパシーによるホログラフィ交信がわかりはじめるでしょう。これは単なるスキルです。外国語を習うのと同じようなもので、練習すればするほど上達します。

漫然とした思いからは並行現実は生まれません。しかし想念パターンに充分な強さがあれば、それは量子場に作用し、基本現実とともに同時進行している並行現実を持つことになるでしょう。

エクタラ

8

イスー

アルクトゥルスの瞑想マスター

[その2]

ここでは、アルクトゥルスの仲間たちに教えている瞑想法をご紹介しましょう。これは私たちに古くから伝わる、意識を切り替える手法です。あなたがたと私たちのチャクラシステムは類似しているので、この瞑想法には効果があるでしょう。

はじめに根本的な哲学上の問題について語り、それから瞑想の方法を説明します。

あなたがたの今の認識では、物質世界は固くてリアルなものに見えるでしょう。物に触れることができます。そして物と物とは空間で隔てられています。けれども意識の波動が上昇すると、物質世界はまったく異なって知覚されるようになります。高次元の意識状態では、その世界の物質性は幻影であることが直接知覚できるのです。そして物体の内側にももっと空間があるのがわかります。これはあなたがたの量子物理学の見解と一致しています。実際にはあなたの身体を構成している物質を全部合わせても、あなたが「自分」と呼ぶその身体の容積のうち、ほんのわずかなパーセンテージを占めるにすぎません。

どの次元においても、その次元の存在における固体性という幻想が現れます。私たちはおもに五次元に存在し、より進化した少数の者たちはさらに高い次元にいます。私たちにとって五次元はリアルです。あなたがあなたの世界を体験するのと同じくらい紛れもなくはっきりと、私たちも私たちの世界で物に触れているのです。しかしあなたが今の波動のままで私たちの次元を体験してみても、そこは実体のない希薄な世界にしか見えないでしょう。波動が同じレベルに達していなければ、私たちの現実にある固体性に触れることはできないのです。

これからお伝えするのは、意識の次元を転換させるアルクトゥルスの古い瞑想法です。それによって、次元の目盛りを上下させられるようになります。つまりこの瞑想法をマスターすれば、望んだ次元の世界に意識を移すことができるのです。身体を三次元の時空連続体に残したまま、意識は自由にほかの次元へと旅立ちます。

実際に瞑想に入るまえに、いくつかの影響についてアドバイスしておきましょう。

まず知っていただきたいのは呼吸の神秘です。すなわち、高い次元の意識状態に入ると呼吸が変化してくるのです。瞑想において意識の焦点が一つに定まると、脳波に変化が生じます。その精神集中をしばらく保っているうちに、しだいに呼吸が穏やかになっていき、やがて呼吸がやむという現象に到るでしょう。こうした呼吸サイクルの隙間は、非常に深い意識状態に入ったという兆候です。呼吸の隙間に異次元へと飛び移るのです。

呼吸にそのような変化を強いることはできません。呼吸のサイクルがおのずと進むにまかせるしかないのです。私は地球人の皆さんとはまだ短いつきあいですが、ほとんどの人がせっかちで、力ずくで結果を出そうとする傾向がみられるようです。呼吸に無理強いしたところで、どうなるものでもありません。

　この瞑想の練習において、呼吸を仔馬に、そして意識の焦点を仔馬がいちばん喜ぶ大好物になぞらえることができます。仔馬（呼吸）を力ずくで連れていこうとすれば尻込みして動きませんが、放っておけば自然に大好物（意識の焦点）に引き寄せられていきます。そうして呼吸はだんだん浅く、ゆるやかになっていきます。この方法をマスターするとやがて呼吸がやむでしょう。呼吸が中断しても心配しないでください。それで死ぬことはありません。それはあなたが深い静止状態に入ったということです。あなたの意識は物質性という足かせを解かれ、自由に次元を行き来できるようになったのです。

　肉体に酸素が必要になれば、人はおのずと息を吸い込みます。そうなったときには、ただあなたの意識の焦点を確認してください。この瞑想をつづけるにしたがって、静止状態がどんどん長くなっていくのがわかるでしょう。そして深い意識に入ると、呼吸にある現象が生じます。きわめて深い変性意識の状態では、エネルギーの流れを精妙なエネルギー体が受けとって、それを肉体に伝えるようになるのです。そうすると一度に何分間かの静止状態がおとずれるでしょう。最終的には静止状態が何時間もつづくようになりますが、そのレベルは非常に難度が高く、身体にそれを強いることはできません。あなたは呼吸の進化についていくだけです。

　もう一つ、瞑想法を説明する前にお伝えしておくべきことがあります。それは身の安全についてです。とくに別の意識次元を旅するときの防護法です。そこで何を経験するかは、自分の波動によって決まります。それはあなたという存在全体の包括的な波動で、高貴なあなたも、未進化で暗いあなたも含まれているのです。まさに、ごちゃまぜ状態です。

この瞑想を、たとえば感情的な葛藤で落ち込んでいるような気分のときにすると、異次元を探求していても低い波動レベルの存在と遭遇してしまう可能性が高くなります。ですから、身を守る手段を考えておく必要があるのです。それは一種の保険のようなものとも言えます。自分の波動を変えることはできなくても、ほどよく整えるだけでいいのです。

その防護法には光を使います。アルクトゥルスの瞑想マスターとして興味深く感じるのは、もっとも波動の高い至高の光についての私たちの叡智が、地球上のチベット仏教に共有されているということです。私たちにとってもチベット僧にとっても、「透明な光」は至高の波動なのです。

おそらく大勢の人々が、瞑想中に白い光をさまざまな形で用いたり、紫など多彩な色の光を使っているでしょう。どんな光の周波数にも、それぞれに役割や使い方があります。しかしながら、「純粋な白光」つまり色がないゆえに「透明な光」と呼ばれるものは、もっとも高みに上昇した意識の本源的な波動の表われなのです。私がこの瞑想法をアルクトゥルスの生徒たちに教えるときは、瞑想に入るにあたって彼らが透明な光を充分に使いこなせているかどうかをまず確認します。

透明な光を使うには、簡単な二つの基本的なやり方があります。一つは透明な光を直接知覚すること、もう一つは自分が透明なダイヤモンドの中にいるのをイメージすることです。ダイヤモンドは、あなたがたの次元でもっとも透明に近い光を発している貴石なのです。

ほとんどの人にとっては、透明なダイヤモンドの中にいる自分をイメージするほうがやりやすいでしょう。あるいは、より学びが進んで、すでに自分の透明な光に触れている人は、直接その光に包まれているのを感じながら瞑想に入ってください。

ナクラ瞑想

私たちはこの瞑想を「ナクラ」と呼んでいます。

まず、しばらくゆったりと心地よく座っていられるような姿勢をとってください。この瞑想をくり返し実践していると、瞑想時間が長くなってくるでしょう。ときどき、あなたにとってその姿勢が心地よいかどうか確認してください。通常は背骨をほぼまっすぐに伸ばしているほうがいいでしょう。身体を横たえると眠ってしまう可能性が高く、せっかく異次元に飛び移ったとしても、そこで遭遇したことを憶えていられないかもしれません。

あなたにとって望ましい瞑想の姿勢に落ち着いたら、ダイヤモンドあるいは透明な光のどちらかによって身を守ります。次に、意識の焦点の位置を確認しましょう。まず両方の手のひらを合わせてください。そのまま両手を頭の上にのせ、頭頂部の真ん中に手のひらのつけ根がくるようにします。別の言い方をすれば、合掌した両手をそのまま頭のてっぺんに上げればいいということです。そうして合わせた両手の指先のいちばん高いところが、あなたの意識の焦点になります。意識の焦点の正しい位置を確認したら、両手を下におろし、無理のない姿勢に戻ってください。

クラウンチャクラの上にあるこのポイントに意識の焦点を合わせると、次元を超える通路に入っていくことになります。慣れ親しむにつれて、くつろいで楽に移行を体験できるようになるでしょう。もし途中で頭痛や緊張が生じたら、その原因はたいてい集中のしすぎです。クラウンチャクラの上のポイントにあなたの意識を集中させるのではありません。ただそこに気づき、あたかも手のひらに羽毛をふんわりのせるかのように、そのポイントにそっとあなたの意識を寄り添わせるだけでいいのです。

瞑想時間は五分くらいから始めてください。そして五分間、自然にくつろいでクラウンチャクラの上のポイントに意識を保てるようになったら、徐々に時間を延ばしていきましょう。

私たちはクラウンチャクラの上にあるこのポイントを「クラ」と呼んでいます。おおまかに言うと、クラは「永遠への門」という意味です。「ナ」は瞑想を意味します。ですから「ナクラ」とは「永遠への門の瞑想」ということになります。

大事なのは、この瞑想のあとには肉体の神経系にしっかり適応しなおすことです。私たちアルクトゥルス人も、ナクラ瞑想でほかの次元を探求して戻ってきたら必ずそうしています。とりわけ次元を飛び越えて鮮烈な異次元体験をした直後には、この再適応が重要になります。あなたの神経系がそうした体験のあとにふたたび物質的現実に適応するまでには少々時間がかかります。ですから急いではいけません。むやみに急ぐと、頭痛その他の痛みが生じたり、気分が悪くなることもあるからです。そんな状態は避けるに越したことはありません。

もとの次元に再適応するために、私は呼吸と五感を使った次のような方法を教えています。充分に瞑想ができたのを感じたら、クラ——頭頂の上のポイント——に向けていた意識を呼吸へと移します。そして数分間、何も変えようとせず、ただ呼吸に気づいていてください。やがて身体の感覚が戻ってくるのがわかるでしょう。目はまだ閉じたまま、手と足の指を動かしてみます。まわりに聞こえる音、そして匂いや口の中の味を感じてみましょう。それから腕をさすります。地球人の皆さんは耳たぶをなでるのも効果的です。なぜなら、あなたがたの耳たぶには精妙なエネルギー体の重要な経絡《けいらく》がいくつも通っているからです。最後に目を開けて、あたりを見回します。

とても深い意識状態を体験したあとは、これでもまだ完全には感覚が戻ってこないかもしれません。そのときには両手の親指で足の裏をさすります。まず中央をさすり、それからすべての足の指に触れてください。そしてまた耳たぶをなでてから、両腕を強くさすります。何分間かこれをつづけていると、あなたの神経系はふたたび物質的現実につながるでしょう。

ナクラ瞑想のあとには疲れを感じるかもしれません。そのときは横になって休み、できれば少し仮眠をとるといいでしょう。

ナクラ瞑想は私たちの文明に何百万年にもわたって代々受け継がれてきた、アルクトゥルスの秘宝です。別の意識次元に入るための手法をこうして地球人の皆さんに紹介できて、私としてはとても嬉しく、光栄に感じています。あなたがたがこれを思慮深く用い、さまざまな意識世界からたくさんの宝を持ち帰って、人生や人間関係を豊かにするために役立ててくれることを願っています。

個人としてのあなたがどう考え、どう感じ、世界の中でどうふるまうかは人類全体に影響します。地球上すべての人が皆、人類の集合的な現実認識と運命のなりゆきに作用しているのです。これはミクロ量子レベルで起きていることです。

サナート・クマラ

9

フレフィオス

アルクトゥルスの戦士

私はフレフィオスです。ハトホルたちがシリウスのポータルを通ってこの宇宙にやって来たとき、私も彼らを出迎えました。それ以来、この神秘的な光の存在とはずいぶん長いつき合いになります。アルクトゥルスの戦士である私は、ものごとに対するアプローチの仕方がハトホルとはかなり違います。しかしながら私はサナート・クマラの指揮のもと、この宇宙に参入してきたハトホルたちを守護する任務につきました。

この宇宙はハトホルの宇宙とはまったく異なるため、彼らがこの宇宙の……そう、二元的な性質とでもいうものに適応するまでには、しばらくの時間、およそ数百万年ほどかかったのです。

ラバドゥに近い山の尾根でこのチャネル（トム）にコンタクトしたアルクトゥルス人は、この私です。彼が『ライトシップ』と呼んでいる音の作品を制作することにも手を貸しました。この『ライトシップ』では、私たちの乗り物のエンジン音に近い音を聞くことができます。この音は、地球の人々に大きな変容をもたらす可能性を秘めています。

ビュガラッシュ山に駐留していたアルクトゥルスの宇宙船まで彼をいざなったのも私でした。また山の上の空を覆っている雲を分けて、彼に太陽がはっきり見えるようにしたのも私です。しかし彼の懐疑心はそんなことはあり得ないと考え、自分の目で見たものを否定しました。ある種の知的葛藤から、太陽にはまだうっすらと霧がかかっていると断定したのです。これも人間の矛盾した性質と言えるでしょう。

これらの遭遇は、彼とのあいだにミクロトンネルあるいはミクロワームホールと呼ばれるものを活性化させて行いました。私たちはそれを使って異次元の存在と交信するのです。

今、この情報もミクロトンネルを通じて伝えています。アルクトゥルス人は皆、次元の異なった存在とコミュニケーションするときはこのやり方を用います。

先に科学技官のエクタラが、地球を無法者たちの手から守るために、私たちが二重の方策をとっていることをお話ししました。彼はそのとき、「良くも悪くも」これがアルクトゥルスの作戦だと言いました。私も同じように考えています。この宇宙には、どんな行動にも反対の力が生じるという性質があります。ゆえに私たちは、あなたがたの現実次元で直接行動を起こすよりも、反対の力をかかえ込まないですむ方法で地球人類を守護しているのです。

エクタラも言うように、その方策の一つは、宇宙をうろつく邪悪な者たちがこれ以上あなたがたの惑星に悪影響を及ぼさないよう、この太陽系の宙域を見回ることです。

そしてもう一つは、コミュニケーションのためのミクロトンネルをさらに多く開通させ、いわば私たちの意志ともいえる情報を公開していくことです。今後はもっと大勢の感応力の高い人々が私たちのコンタクトを受け、宇宙や人間の可能性について視野を広げることになるでしょう。

私はアルクトゥルス人と地球人との関係に目を向けてみたいと思います。そしてあなたがたの性質と、視野を広げることをはばむ障害について、私の見解をお話ししましょう。

私はこのチャネルのケースを例にあげますが、それは彼がほかの人より優れているとかいうことでなく、単にミクロトンネルによる交信に対して人間に典型的ともいうべき反応を示したからです。もしあなたが私たちと接触したい、あるいは通信回線を開きたいと望むなら、これまでその中で生きるよう条件づけられてきた「箱」の外へと踏み出す方法を見つけなければなりません。

この「箱」とは、あなたがたに受け継がれてきた「現実という景色」です。それがあなたを拘束しているのですから、あなた自身がよじ登ってでもそこから出る道を見つけだす必要があるのです。

アルクトゥルス人がミクロトンネルを開くときには、ほとんどの場合、人間の松果体のエネルギー場にアクセスします。松果体の結晶構造は、高い意識次元からの精妙な心象を受けとりやすいのです。したがってアルクトゥルスとの会話の扉を開きたい人は、頭の中心部に気づきを向けるといいでしょう。その人の感受性にもよりますが、松果体のあたりでエネルギー的に何かが感じられるかもしれません。何らかの感覚を体験しても、あるいは体験しなくても、その部分にずっと焦点を合わせていてください。こうすることであなたの焦点が安定し、脇道にそれて想念に迷い込んだり、受けとった心象をいちいち分析したりしなくてすみます。

そして情報を受けとったあとでよく分析し、吟味してください。それを真実と見なすか、真実でないと見なすか、あなたが最終判断しなければなりません。それはほかの誰でもない、あなた自身の責任なのです。

今後、アルクトゥルス人と地球人とのあいだにますます多くのミクロトンネルが開通することになりますから、足をとられがちな落とし穴についても言及しておきましょう。地球の重力の井戸の外側からやって来るコミュニケーションを大きく妨害しうるものとして、あなた個人の信念体系のほか、さまざまな潜在的要因があります。

まずは個人の信念体系についてです。私たちからのコミュニケーションを受けとっているあいだ、不信感や疑念などはとりあえず横に置いて、そういう交信の可能性を許容する空間をあなたの頭の中につくることを提案します。交信の可能性を「許容する」ことがニュートラルな空間への入り口を開きます。その空間で、現実の本質に関する新たな知識と視野を受けとるのです。あまりにも単純すぎて、つまらない提案に聞こえるかもしれませんが、実際にやってみるとこれがどれほど助けになるか、わかると思います。

ミクロトンネルによるコミュニケーションで直面するもう一つの問題は、受けとる情報の真偽と、送り手である存在の実体に関するものです。これについては次の可能性を考えておくことがきわめて重要です。

その前に、伝えておくべきことがありました。ハトホルと同じように、私たちもあなたがた個人の主体的意志を尊重しています。アルクトゥルスの仲間がいつも言っているとおり、私たちの使命は生命と知性と自由を守ることです。私たちはこれを、生命については「守り甲斐のある場合に」、自由については「他者を侵害しないかぎり」というただし書きとともに使命としています。

したがって私たちは、ハトホルもそうであるように、あなたがたに何かを強要することは決してありません。私たちにはもともとそうした性質がなく、万一あなたがたの意志を操作しようとすれば、それは私たち自身の意志に背くことになります。これはアルクトゥルス文明の価値観であるだけでなく、私たちの心身を構成する光の線維そのものに織り込まれているのです。

さて、ここからはテクニカルな問題です。アルクトゥルス人と地球人のあいだに築かれたミクロトンネルも劣化する可能性があります。なぜなら、どんなコミュニケーションの形であれ妨害は入るからです。あなたがたの携帯電話がいい例でしょう。道を歩きながら問題なく電話で話していたのが、電波の入りにくい場所にさしかかったとたん相手の声が途切れがちになり、いきなり無反応になったり電話が切れてしまうこともあります。

こうした種類の問題は、受信場所による信号の強弱や、受信器そのものの感度や耐性の問題から起こります。ミクロトンネルによる交信もそれと同様で、受けとりやすく維持しやすいエネルギーの人もいれば、なかなかうまくいかない人もいるのです。

個人に直接伝えるには考慮すべき原則があります。それは、送られたメッセージがそのまま受けとられるとは限らないということです。正確に情報を送っても、ひずみや途絶が頻繁に起こるからです。ミクロトンネルによる交信を維持するために最大の助けとなるのは、頭をからっぽにして可能性にゆだねること、そして意識の焦点を松果体の領域に保っておくことの二つです。

さて、つい先ほど、ハトホルも私たちも、あなたがたの主体的意志に関して共通の見解を持っていることをお話ししました。そして私たちは交信において、個人の選択に立ち入ることはしないと言いました。

しかしながら、正しい情報を受けとるためには次のことを認識しておく必要があります。それは、あなたの意識ないしエネルギー場の波動が、コミュニケーションそのものの波動と一致していなければならないということです。それがミクロトンネルを固定し、つまり安定させて、外部からの干渉も大幅に減らすことになるのです。もしあなたの意識ないしエネルギー体がそのコミュニケーションの波動と調和していなければ、そこにほかの存在からの情報が混入してしまう可能性が高くなります。

私たちもハトホルも、あなたがたの主体的意志を尊重するという点をこれほど強調しているのは、そのためなのです。

私たちがあなたに何をすべきか指図することはありません。ですから、もし相手がアルクトゥルス人だと思って交信していても、その相手からあなたの意志に反することを行うように言われたら、それはアルクトゥルス人ではありません。その通信回線はすぐに閉じることを強くお勧めします。

さて、私がラバドゥ近くの山中にいたこのチャネルに最初にかけた言葉についてお話ししましょう。

私の言葉は彼をひどく苛立たせてしまいました。しかし残念ながら、真実とは時として不愉快なものでもあります。彼の場合は、私の言葉を誤って解釈し、「宇宙人のごたく」のようなものと受けとりました。じつのところ、私の言葉は彼にとって正しいだけでなく、もっと大きな意味で人類全体においても正しいものでした。

事実、いまあなたがたに変化の風が吹いています。この真実から逃れられる人は誰もいません。

アルクトゥルスからのすべてのメッセージがそうであるように、このシンプルな文章も多次元の現実に言及しています。もしあなたがアルクトゥルス人なら、私の言わんとするところはすぐさま伝わるでしょう。テレパシーによるホログラフィ交信を使えば、人類の全歴史も、あなたがたがいま直面している状況も、未来の可能性も、まるごと一瞬で伝えることができます。しかしこの場での私の伝達手段としては、句読点と呼ばれる素朴な記号で区切られた、言葉の連なりで構成された文章を使うほかありません。かといって句読点なしではますます意味がわからなくなります。

私の見方からすると、句読点とは、テレパシーのホログラムにおける波動の区切り目のようなものです。あなたがたの道路標識にも似ています。それは今しがた後にしてきたものと、これから入っていくものについて重要な情報を与えてくれます。

私は人類の進化の目撃者として、地球上の言葉の歴史に魅せられてきました。そして言葉が情報を正確に叙述するためにどれほど役立ってきたか、もしくは役に立たなかったかを見てきました。

人間の意識の現実において、現実は言葉というフィルターをとおして理解されます。何が可能で何が不可能かも言葉をとおして判断されます。さらにあなたの言語がインド・ヨーロッパ語族に属していれば、言葉そのものに時制があるでしょう。それが現在なのか、過去なのか、未来なのかという、三つの明確な時間区分によって叙述されます。ですから現在・過去・未来の三つ全部が一度に存在することはあり得ないでしょう。ところが、私たちアルクトゥルス人にはまさにそのように見えるのです。

それは私たちが時間を別の観点から見ているからです。私たちは五次元か、進化レベルによってはさらに高次元に存在して時間を外から眺めているため、過去も現在も未来も同時に見えるのです。こうした概念が、直線的な時間を生きている人にとってどれほど難解かは私もよくわかります。そんな見え方があるという可能性すら思いつかないでしょう。

ですから、このチャネルに「あなたに変化の風が吹いています」と語りかけたとき、私はうんざりするほど手間のかかるコミュニケーションを試みはじめたところでした。テレパシーのホログラムをわざわざ、あなたがたが英語と呼ぶ原始的な言語にして伝えようとしていたのです。ところが彼は、地球外知性体にまつわる行きすぎた解釈という個人的問題のために、ほんの少し言葉を交わしただけで抵抗を示し、コミュニケーションを最後までつづけることはできませんでした。

まさに人間です。

私が「変化の風」と言ったのは、文字通りの意味であり、また比喩的な意味でもありました。この話をした瞬間、ちょうど物理的な風が巻き起こったのです。その風について言おうとしたわけではなかったのですが、いずれにしてもあなたがたの言語では「風」なので面白く感じました。私は太陽風のことを言いたかったのです。このときには太陽風の流れが増大し、あなたがたの眼前で人類を活性化し、変化をもたらしていました。

また、別の問題に「you」という言葉がありました。私は初歩的な言語の制約にとらわれ、ホログラムの広がりや壮大さを彼にうまく伝えきれなかったのです。「you」は単数のあなたにも、複数のあなたがたにも、どちらにも使われます。でも私はホログラフィックに一度に両方の意味を伝えていたのです。なぜなら、個人は集団に種を蒔き、集団は個人に種を植えるからです。つまり私が言いたいのは、一人ひとりが目に見えないかたちで人類全体に影響を与えているということです。あなたが気づこうと気づくまいとその影響は存在し、また同時に、いうまでもなく集団から個人へも影響が及びます。

ですから私が「あなたに変化の風が吹いていています」と言ったとき、太陽風から生まれた変化が彼自身にも、そして人類全体にも作用していることを伝えたかったのです。

私たちから見ると、個人の人間であるあなたの中に、人類全体の潜在的な未来の歴史が含まれています。過去・現在・未来という同時現実があなたの中にあるのです。ゆえに、あなた個人の現実に大きな変化が生じると――つまり世界をどう見るか、どう生きるかが大きく変わると――それは集団にも波及していくことになります。

充分な数の個人が世界の見方を変え、生き方を変えたとき、意識の革命が起こります。この意識革命という未来の可能性は、あなたがたの今と同時に存在しているのです。知的視点をわずかに前方に傾けるだけで、あなたは喜びに満ちて未来に滑り出していくでしょう。この喜びとは大いなる自由へと踏み込んでいく高揚感であり、そこで新たな現実創造の自由を味わうことになります。

個人としてのあなたも、人類としてのあなたがたも、加速する時間の真っただ中にあります。地球社会にかつてないスピードで変化が起きているのです。あなたがたの非凡な先端技術は、地球上の生命を生かすこともできれば滅ぼすこともできます。

これは偉大な進化の機会であると同時に、途方もない試練でもあります。私たちはもっと大勢の人々とのあいだにコミュニケーションのミクロトンネルをたくさん築き、この宇宙や人類の役割について広大な視野を伝えて触発していきたいと考えています。

情報の自由な流れは、その社会の知性と自由を表わす一つの指標です。こうした見方はアルクトゥルス文明の大きな特徴であり、あらゆるものごとを評価する基準にもなっています。地球では通信技術の発達によるインターネットの普及がそのために大きく寄与しています。もちろんそこには有益な情報もガラクタも入り混じり、いわば玉石混淆です。あなたはそうしたすべての中から、何が真実で何が真実でないのか、また何が重要で何が無価値なのかをふるい分けなくてはなりません。それはほかの誰のせいにもできない、あなた自身の責任なのです。

旧世界を支配していた勢力は、新しい世界でも自分たちのためだけに先端技術を使いつづけ、これから先もそうしようとしています。彼らは人類文明のごく初期の頃から、長い歴史を通じてずっと誤った情報を流しつづけ、策略にそぐわない情報を封じてきました。そのような力を持った者たちの大半は、みずからの利益のために権力を永続化させようとしたのです。文化の力が社会の福利のために用いられることは滅多にありませんでした。しかし私たちアルクトゥルス人の見方では、文化の力なくして知性ある統治はできません。

私たちが見たところ、あなたがたは進化のパラドックスの最中にいます。

あなたがたのテクノロジーは、生命を肯定する力へと進化するでしょうか。それとも、裏で世界をあやつる影の勢力のための道具になってしまうのでしょうか。すでに述べたように、私たちの作戦は良くも悪くも、個人とのあいだにもっとミクロトンネルを普及させることです。あなたがたが新たな展望と可能性に目覚めてくれることを願って、私たちはそうしています。

はじめにお伝えしたように、このチャネルがラバドゥに近い山中で出会ったアルクトゥルス人は私です。そして『ライトシップ』の音声パターンの録音に協力したのも、ビュガラッシュ山に停泊していた宇宙船へと彼をいざなったのもこの私でした。ですから締めくくりに、彼がはじめて私たちの宇宙船にやって来たときのことに関して少しコメントしたいと思います。

彼の訪問は乗組員のあいだでずいぶん話題になりました。ナビゲーターとのやりとりに、全員が大喜びだったのです。実際、このチャネルにとってナビゲーターの風貌はとても奇妙に映りました。その異星人は、あなたがたならさしずめ「交換乗組員」とでも呼ぶだろうメンバーで、アハトゥル人という、あなたがたには未知の種族です。アハトゥル人たちはかなり独特で、その集団もユニークです。身長はたいてい三メートル前後で、ひたいの真ん中に目が一つあります。そして何対かある手の一対が、このチャネルの視覚的心象によればロブスターのはさみのように見えました。

アハトゥル人たちはその容貌をとりわけ気に入っていて、その美意識を共有できない者に対してはやや強く出ることもあります。このアハトゥル人のナビゲーターも彼に近づいて挑発しかけたのですが、それに対する彼の応答はきわめて機知にとんだ見事なものでした。へんに見えるのはおたがい様だと言ったのです。そのあと私が彼をブリッジに案内したとき、そこにいたナビゲーターはすっかりなごやかになっていて、ユーモアさえ解していました。

宇宙は多種多彩な知性体にあふれています。地球人に似ている存在もいますが、多くはそうではありません。なかには人間とは似ても似つかない存在もいて、そのあまりに変わった姿に、頭で理解しようとすれば想像力を思いきり広げなければならないでしょう。私のお勧めは、異星人を見かけで判断しないことです。

表面の奥にある、その存在の個性と本質を見てください。そしてその文明がどれほどあなたと違う文化的価値観を持っていようとも、それを認めなければなりません。

視覚的な心象の話が出たついでに、私たちアルクトゥルス人の一般的な見かけについても少し話しておきましょう。私たちの容姿は人間とよく似ています。目が二つ、鼻と口が一つずつ、耳が一対あり、二本の腕の先にはそれぞれに手があり、親指だけが向かい合うようについています。脚も二本あります。顔はやや角張っているため、あるエネルギー状態では馬に似て見えるかもしれません。

実際、アルクトゥルス人の見かけは本人のエネルギーによって変化し、また見る人のエネルギーによっても異なります。その両方が混ざり合っているのです。私たちは五次元かそれより高い次元に存在していますが、あなたがたの脳は三次元の現実に合わせてパターン化されているので、大半の人々は期待という分厚いフィルターをとおして私たちの姿を見るでしょう。これは高い次元の存在と出会うとき、よくありがちなことです。

私の話を終えるにあたってお伝えしたいのは、地球人類は超銀河的な貴族だということです。あなたがたのＤＮＡは無数の超銀河文明から来ています。あなたがたは今や高速軌道に入り、大きく進化する可能性を秘めているのです。あなたがそれを選ぶなら、現在を生き、過去を取り戻し、輝かしい未来をつくりだすでしょう。しかしその高次の可能性に共鳴する波動を選ばないとすれば、過去に苦しめられ、生きるに値しない未来を生きることになるでしょう。

アルクトゥルス人たちはこのような試練にひるむことなく、むしろ高みへと向かう力にしています。あなたがた人類の本質に、真の偉大さへの種が内在しています。私が真実として保持している全人類の男女に起こりそうな未来のホログラムが、テレパシーを通じてそっくりそのままあなたに伝わってくれることを願っています。

あなたがたは生きるに値する未来を生きるでしょう。そしてその運命は全宇宙に知れわたり、歓迎されるでしょう。

今が未来となり、未来は今になったのです。

エクタラ

10

サナート・クマラ

宇宙船司令官

［その2］

いかなる文明であろうと、状況の変化に適応しなければ生き延びることはできません。

ここまで、アルクトゥルスの仲間たちが「大いなる神秘」への見解と取り組みについて語ってきました。それを「現実」と呼んでしまえば矮小化することになります。すべての現実は知覚者によるからです。

すなわち、「大いなる神秘」という言葉は同時にすべての現実にあてはまるのです。同じ基準であらゆる立場を——正反対の立場もふくめ——一度に検討してみるのは興味深いことです。私はそれを頭の体操としてしばしば行います。そうすると、ふだん自分の先入観や限界から盲点となっている新しい可能性が見えてくるからです。

もちろんすべての現実を同時にかかえ持つことは不可能ですが、アルクトゥルス人はチャレンジを好みます。私はこれが視界を広げるために非常に役立つチャレンジであることに気づいたのです。あなたがたもこの頭の体操を試してみるといいでしょう。

さて、私はさきほど、いかなる文明であろうと状況の変化に適応しなければ生き延びられないと言いました。私たちアルクトゥルス人にとって今もっとも深刻な問題になっているのは、「使命」と「心」つまり深い感情とのジレンマです。それは文明の存続をおびやかすほどの問題ではないように見えても、私はこのことを強く訴え、アルクトゥルス大評議会でも言いつづけています。

私たちの文明でこの問題が今後どう展開していくかはわかりませんが、私は親愛なる友、マグダラのマリアの見解に深く同意しています。彼女は、高度に創造的で知的な解決の道が開けるだろうと見ています。私はアルクトゥルスの仲間たちからそれが出てくることを期待しています。

同じように、あなたがた人類の文明もこのジレンマに直面しています。しかし、まずは地球文明自体の存続をおびやかす問題に目を向けましょう。

地球人類のあなたがたへ

地球の生態系の悪化は深刻な問題です。酸素濃度のいちじるしい低下、熱帯雨林の破壊、海洋や大気の汚染などは、たとえそこにどんな政治的・社会的な理由があろうと、後世の人々に暗澹《あんたん》たる未来を押しつけることになります。

あなたがたは惑星地球の進化において決定的に重要な変遷期にいます。地球世界は文明も社会も大きく異なる断片に細分化され、たがいに憎み合ってさえいます。旧態依然と化石燃料に依存し、闇の金融業者や宗教指導者たちによって戦争が恒久化され、地球の感情的環境にも物理的環境にもたえまなく毒が垂れ流されつづけているのです。

　このような地球の状態を見ていて、私は言いようのない悲しみに襲われます。ほとんど怒りと言ってもいいくらいです。その怒りは、人類が宗教によって誤った方向に導かれ、操られてきたことに対するもので、とりわけ人間の自然征服を説いてきた宗教には憤りを禁じ得ません。あなたがたの惑星を何百万年も観察してきて、私はこう言います。人間が自然を支配することはできません。むしろあなたがたが地球の変化と意識的に関わらないかぎり、自然が人間を滅亡させることになります。

　あなたがたの現在の文明、つまり地球文明は、たくさんの相容れない色と色が戦っているキルトのようです。あなたがたには超銀河の歴史的な展望が欠けているため、地球人類という集合的存在もかりそめのものであることが見えていません。人間の一人ひとりが生物として物理的にやがて死を迎え、腐敗するだけでなく、地球文明そのものもまた自然の力によって腐敗、消滅させられる対象なのです。

　くり返しますが、私は地球をずいぶん長いこと見つめてきて、いくつもの輝かしい文明が人間の手にかかるまでもなく、自然の力によって消滅させられるのを目撃してきました。集合的な地球社会としてのあなたがたは、まるで麻痺してしまったかのように、崩壊する生態系の現実に対して何の手も打てずに立ちすくんでいます。はっきり言って、これは聖書の妄言による自動操縦です。あなたがたは自分の欲望に合わせて自然を破壊する権利を神から与えられたかのようにふるまっています。私はいまこれを読んだり聞いたりしている人々だけでなく、人類の集合意識に対して話しているのです。

　これはあなた個人に対するメッセージではありません。それはあとからお話しします。ここでは、私は集合的な人類の歴史に対して、そしてあたかも人間が無敵で自然の力より優っているかのような誇大妄想に対して語りかけています。

地球人類が直面している生態系の破壊を、心の問題と結びつけるのは飛躍がすぎるように思えるかもしれません。しかしそれらは密接に絡みあっているのです。あなたがたが生きとし生けるものに親しみや愛情を感じられるのは、人間の心によってです。少し話はそれますが、場所をはっきりさせておきましょう。あなたがたの感情が発生する場所は脳内の原始組織であって、胸ではないことは承知しています。ところが、じつは胸も無関係ではないのです。私のいう「心」は、身体の心臓と、ハートチャクラと呼ばれる精妙な心につながっています。誰もがこのハートチャクラと心臓につながった「心」ですべての生命と結びついているのです。それは「共感的知性」のおかげです。人類文明の存続をおびやかす未進化な人間にはこれが欠落しています。

地球上の日進月歩のテクノロジーを見ていると、あなたがたの未来の幸福について深く憂慮されます。それはなにも人類が科学技術を使っているからではありません。アルクトゥルス人も科学技術を使います。私が懸念するのは、それをどう使うかという問題と、テクノロジーの背後に隠されている策略のことです。

とくに遠隔通信やコンピュータなどの技術は、ますますマインドコントロールとして使われるようになっています。心とのつながりを欠いたままで思考にのめり込めば込むほど、さらに危険な深みにはまってしまいます。私はそれをアトランティス時代に目撃し、今度は同じ間違いをくり返さないでほしいと望んでいるのです。あなたがたの今のテクノロジーはアトランティスのものとは違いますが、この宙域を守護する者たちを不安にさせるという点ではとてもよく似ています。

ユダヤ教、キリスト教、イスラム教などをはじめとする地球世界の主要な宗教が、彼ら自身を超越して全人類のための新しいビジョンを打ち立てることができないとすれば、少なくとも最低限、その支配権を監視する地球の世話役を養成しなければなりません。

まさに今、知性が試されています。

地球人のあなたへ

さてここからは、これを読んだり読み聞かせてもらったりしている、あなた個人にお話ししましょう。

大自然と人類の無知という巨大な力を前に、あなたはとことん自分の無力さを感じているかもしれません。そのことがよくわかるため、私にはあなたを咎める気持ちは少しもありません。そうではなく、あなたの心の中をより深く見つめるように提案したいのです。そして心の中に、あらゆる生命との結びつきが感じられる場所を見つけていただきたいのです。人間にはもう耐えられないと思うなら、植物とでもかまいません。植物界は豊かな知性にあふれていて、多くのことを教えてくれるでしょう。実際、植物界は人類よりずっと古くから存在しており、生き延びる知恵にかけてははるかに長じているのです。

あなたが個人として直面している窮地は、自分自身の現実と、文明の文化的・歴史的な現実という両方に囲い込まれていること、そして人類史上かつてなかったほど「思考の力」が「感じる力」から遠く乖離してしまったことです。前にも言いましたが、ここでもくり返しましょう。**人間の心には「共感的知性」があるのです。**

共感的知性のある人は、自分たちが生きている生態系そのものを破壊することの愚かしさと非道さをよくわきまえています。これは共感的知性のいちばんの特徴であり、明瞭な一線です。進化の観点から言って、これが認識できない者は救いようがありません。共感的知性をもつ高次の生命体は、自分と異なった形態の生命体に出会っても「大いなる神秘」の旅の仲間と認め、尊重します。

個人としてのあなたがどう考え、どう感じ、世界の中でどうふるまうかは人類全体に影響します。意味を取り違えないでください、地球上すべての人が皆、人類の集合的な現実認識と運命のなりゆきに作用しているのです。これはミクロ量子レベルで起きていることです。たしかに政治家や宗教家たちは個人やグループよりも直接、強力に世界を動かせるように見えますが、それも増大しつつある幻影の一種にすぎません。私がこう言うのは、あなたがたのテクノロジーが、その開発者たちでさえ想像できなかったような斬新な方法で個人の力を強めているからです。

長年の旧友である私から、あなたにアドバイスがあります。それはあなたの心のもっと奥深くを見つめるということです。そして植物や動物や森林などの自然な存在とのあいだにつながりを見つけ、その結びつきを心で感じてみてほしいのです。植物や動物はあなたに共感的知性が育つよう促してくれるでしょう。そのやり方は人によってまちまちです。ですから、全員の人をひとくくりにするような方法は示せませんが、多くの人に使えるようなシンプルなやり方を紹介しておきましょう。

これは一人になれる場所で行います。あなたがたは近くに人がいると、自分をベールあるいは膜のようなもので覆い隠してしまう傾向があります。自分が信じる自己イメージに合わせて、自分ではない何者かを演じてしまうのです。しかしそれらの多くはまったく真実ではありません。ですから、このような働きかけをするときは周囲に誰もいないほうがいいのです。

あなたが幸いにして森や自然の近くに住んでいれば、その環境を使いましょう。また、可愛がっている動物がいれば――もちろんぬいぐるみや玩具でなく、息をしている生身の動物です――協力してもらうことができます。自然環境にも動物にも縁がない人は、植物を用意してください。

準備ができたら、自然の中で、あるいは動物や植物といっしょに座ります。そしてあなたの意識を胸あるいは心へと移してください。すると、気づきがはじけてビー玉のように頭の中を動きまわるでしょう。それをふたたび胸に戻します。これにはかなりの時間を要するかもしれませんが、やがて何かハッとするような瞬間が訪れ、周囲の自然やそばにいる動物もしくは植物に対する大きな親近感と深い愛がこみあげてくるでしょう。そして最終的につながりの感覚、自分がほかの生命体とともに在るという気づきに到ります。この気づきは共感的知性のはじまりです。

たとえ人類文明がその集合的な心から離反し、自己破壊に向かっていようとも、あなたがその一員である必要はありません。歴史のなかで地球がいま狂気の渦中にあったとしても、あなたさえ共感的知性を育んでいれば、ある不思議なやり方で、つまりミクロ量子効果によって集合的な影響を及ぼすことができるのです。これはいい加減な思いつきなどでなく、れっきとした物理学なのです。

原子内のごく微細な変化でも分子に影響を及ぼすことができ、ひいては構造全体に作用することも可能になります。

さて、かくいう私自身、きわめて興味深くも切実な状況にあります。私はこうして直接あなたがたと言語を介して交信できることを嬉しく感じています。すでにお話ししたように、私は何百万、何千万年ものあいだ宇宙のこの宙域を守ってきました。星の司令官である以上、私にはその使命遂行がつねに最優先の関心事でありつづけました。そのため、イスラと出会った経験が私の心を開かせたにもかかわらず、任務を前に私はどうすればいいかわからなかったので、結局、使命を選びました。それが司令官のするべきことだったからです。

その後、大評議会において、私は仲間たちに自分のジレンマを打ち明けました。すると私が口火を切ったとたん、多くの仲間たちが同じようなジレンマを訴えたのです。私は奇妙な気恥ずかしさとともに、このことは多くを物語っているのではないかと気づきました。つまり、進化という観点からはずっと進んでいるはずの私たちアルクトゥルス文明が、銀河を超えて種蒔かれたあなたがた地球人類と同じ弱点を抱えていたのです。

私たちのテクノロジーは地球のそれとは比較になりません。その点では、私たちにとって地球文明はまだ石器時代のようなものです。にもかかわらず、アルクトゥルス人も地球人と同様に、「頭」と「心」のはざまに横たわる問題を解決しなければならないのです。なんと皮肉なことでしょう。この皮肉をもって、私はあなたがたのもとを去りたいと思います。

私たちアルクトゥルス人がこのジレンマに私たちの解を見いだせるかどうかは、私たち次第です。この問題は究極的には私たちの存続に関わってきますが、それはまだ差し迫った脅威ではありません。

いっぽう、集合的な地球人類にとって、生物種として生き残れるかどうかという脅威は目前に差し迫っています。あなたがたは自分自身でこの難題に解を見つけなければなりません。あなたの頭（知性）と心（感性）に橋を架ける道を、あなたが見いだす必要があるのです。これを読みながら、あるいは読み聞かせてもらいながら、共感的知性を生きることに勇気を感じている人、そしてそれを見いだそうと決意した人に敬意を表します。これが深い瞑想中ならば一礼するところですが、私はいま最後の言葉を伝えているため瞑想状態にはありません。有史開闢《かいびゃく》のはるか以前からあなたがたの銀河を守ってきた星の司令官として、私はあなたに語りかけています。

私は地球の人々とアルクトゥルス高等評議会のために身をささげることを誇りに感じてきました。この二つの文明が、同じように頭と心のジレンマにぶつかっていることは偶然の一致とは思えません。

私たちアルクトゥルス人は困難に立ち向かう気質があり、それが困難であればあるほど解決への決意は強まります。それは私にとって大きな励みです。

地球文明の瘴気から目を醒ます人の数は、今後さらにもっと増えていくと私は確信しています。ますます多くの人々が勇気と不屈の精神をもって、自然や超銀河共同体とともに生きる新たな道を見いだしていくでしょう。

私たちは戦闘に入るときや困難な任務にあたる際に、仲間どうしでかけ合う言葉があります。もちろんテレパシーでホログラムを伝えるのですが、あなたがたの言葉に訳すとしたらこのようになるでしょう。

「すべての可能性が開かれていますように」。この心づもりが解決の糸口をもたらすのです。

ですから私はお別れにあたって、あなたがたに同じ言葉を贈りましょう。

あなたがたにすべての可能性が開かれていますように。人類はそれ自身の未来の源なのです。

トム・ケニオン

エピローグ

あなたがたが住んでいるのは二元性の宇宙です。そのため、何をどのように見たとしても、たとえどれほど高い視点から見ようとも、つねに対極が存在するのです。

エクタラ

かねてから私は言葉というものに興味があり、言葉の由来に惹きつけられてきました。エピローグ(epilogue)という言葉も語源をさかのぼってみるととても奥深く、古代ギリシャ語でepiは「〜に加えて」、logosは「話」という意味です。すなわちエピローグとはもともと、話した言葉をふり返って吟味するために加えられた余韻のようなものだったと思われます。

私はある超銀河文明に関する一連の情報にこうして言葉でコメントしていますが、皮肉なことに、その文明において言葉が使われることはなく、テレパシーでホログラムをやりとりして意思伝達が行われているのです。三次元的な考えになじんだ私たちには、これは驚くべき概念です。

このアンソロジーに登場するアルクトゥルス人たちの多くが、テレパシーによるホログラフィ交信について明確に語り、あるいは暗に示唆しています。アルクトゥルスの瞑想マスターであるイスーはかなりの時間をついやし、テレパシーによるホログラフィ交信の準備として、一度に多数の情報領域を考察する力を伸ばすトレーニング・プログラムを紹介しています。アルクトゥルス人が本書でテレパシーのホログラフィ交信の性質を伝えることにこれほど力を注ぐ理由の一つは、「コミュニケーションのミクロトンネル」と呼ぶものを介して、もっと多くの人々と接触することを決めているからです。

彼らによれば、現在この宙域における生命と知性と自由を守るための手段には、次の二重の方策がとられています。①宇宙をうろつく無法者たちの介入から人類を守護するために宇宙船で巡回すること、そして、②より多くの人間がアルクトゥルスの視野を直接体験できるよう、多種多様な人々とのあいだにミクロトンネルを開くことです。

アルクトゥルスの戦士フレフィオスは、彼らの文明が地球人類とのあいだにもっと多くのミクロトンネルを築こうと決めた理由を次のように述べています。

この宇宙には、どんな行動にも反対の力が生じるという性質があります。ゆえに私たちは、あなたがたの現実次元で直接行動を起こすよりも、反対の力をかかえ込まないですむ方法で地球人類を守護しているのです。

言い換えれば、アルクトゥルス人たちはもっともっと大勢の人間とコミュニケーションのエネルギー回線でつながることで、アルクトゥルス文明をじかに体験する人が増え、ひいては人類の集合意識が大きく広がることにつながると考えているのです。彼らが三次元世界に直接入り込めば引き起こしてしまう強い反対の力も、こうした間接的アプローチによる「接触」なら生じさせないですむからです。

また別の要素として、彼らの宇宙船が三次元空間に出入りするには膨大なエネルギーが必要になるという側面もあります。ですから、彼らは安易にそうした重大な任務を引き受けたりはしません。本書に登場する何人かは、必要ならば私たちの三次元世界にやって来る備えはあるが、それはきわめて切迫した場合に限られると述べています。

ただしコミュニケーションのミクロトンネルを開くにあたっては影の側面もあり、以下に私からいくつか注意点を挙げておきたいと思います。これは私自身が考えたことで、アルクトゥルス人はほのめかしたにすぎません。けれども二十年余りエリクソニアン医療催眠療法の分野で、心理カウンセラーおよび変性意識の研究者として仕事をしてきた私にとっては、ぜひ触れておきたい事項です。

ここではミクロトンネルにまつわる問題を、通信障害、幻想と迷妄、精神的な問題などいくつかのカテゴリーに分けてお話ししましょう。

通信障害

通信障害とは、回線（ミクロトンネル）の問題によって、情報の完全性が損なわれてしまうことです。これは、受信者（あなた）の変性意識がミクロトンネルをしっかり支えられるところまで到達していない場合に起こり得ます。

私の経験では、そのような通信障害は回を重ねるほど改善されます。いわば、ミクロトンネルを開いて維持することは本質的に脳が学習するスキルなので、くり返すことで向上するのです。

また、もう一つ別の種類の通信障害として、ミクロトンネルを流れる情報に外部の力が混入することによって生じるものがあります。これは波動の不適合が原因です。

これについても、フレフィオスが正面から述べています。


正しい情報を受けとるためには次のことを認識しておく必要があります。それは、あなたの意識ないしエネルギー場の波動が、コミュニケーションそのものの波動と一致していなければならないということです。それがミクロトンネルを固定し、つまり安定させて、外部からの干渉も大幅に減らすことになるのです。もしあなたの意識ないしエネルギー体がコミュニケーションの波動と調和していなければ、そこにほかの存在からの情報が混入してしまう可能性が高くなります。


本当に不可思議な内なる領域に入るのはここからです。この議論に入っていくにあたり、ぜひあなたのかたわらに「架空の箱」を置いておくようお勧めします。

ここで中心となる考え方は、心の色調すなわち気分や感情の状態が、変性意識で受けとる情報の種類と質を決定するというものです。

あなたが不安な気分のときにミクロトンネルを開けば、暗い心象や情報を受けとりやすくなるでしょう。

さらに言うなら、実際は違うのに集団全体で高次元の存在になりすましている者たちも徘徊しているようです。私が超次元的詐欺師と呼ぶ、そうした不気味な連中には、くれぐれも出会わないようにしなくてはなりません。

このような妨害を避ける最良の手段は、ある種のエネルギー的な防護をしておくことです。それについては瞑想マスターのイスーがはっきり述べています。もしあなたがミクロトンネルを開きたいなら、まず彼がナクラ瞑想（異次元に入る瞑想）の章で提示した身の守り方を習得されるよう、強くお勧めします。これは気軽な提案ではありません。どんな存在とミクロトンネルをつなぐときでも、エネルギー的に有効な防護法を身につけておくことは不可欠だと私は考えています。

幻想と迷妄

二つめのカテゴリーは、外部からの干渉といったエネルギー的な問題ではなく、より心理的な問題です。ある種の歪曲は、私たちの隠れた思惑や、期待や夢と結びついています。ミクロトンネルを開くには変性意識に入る必要がありますが、そこに自分の満たされない願望がしのび込む可能性があります。これはすべりやすい坂のようなもので、簡単な答えはありません。でもいくつかのヒントを挙げておきましょう。

まず第一に、ミクロトンネルを開くにあたっては、冷静さと自分への正直さが必要です。そして第二に、受けとった情報を自分の知識に照らして適宜に加減できなければなりません。もちろんこれは、心理的な気づきが充分発達していないと難しいでしょう。

　私たちは人生で困難な問題にぶつかると、なんとかジレンマを避ける道を見つけだそうとします。ことに自分ではどうにもできないという無力感があると、余計そうなります。いうまでもなく、変性意識は現状からの一時的な逃避を提供します。しかし変性意識に入る目的は——少なくともコミュニケーションのミクロトンネルを開く観点からすれば——より広範な理解と精妙な生命増強エネルギーを受けとって、私たちが日々を生きる力にすることです。

　言い換えれば、ミクロトンネルによる交信は、現実の人生からの逃避でなく、自分自身の幅を豊かに広げ、機微にとむ目覚めた選択をするための手段なのです。それによって私たちはみずからの運命の針路を、希望的観測や幻想によってではなく、選択という行為をとおして設定するようになります。

　この件に関する私のアドバイスは、とくにこういうエネルギーの門を開くことを学びはじめた当初は、ミクロトンネルからの心象や情報は話半分に聞いておくということです。体験したことを頭からすべて信じ込まずに、疑問の余地を残しておいてください。そして霊的な感覚には個人的な意識のフィルターがかかるため、自分の満たされない願望や妄想による歪曲が生じやすいことも忘れないでください。

　ミクロトンネルの体験を記録しておくのもおおいに役立つでしょう。そうすれば、あとから振り返ってたどることができます。それによってあなたは異次元の意識から情報を受けとるだけでなく、自分自身に関する計り知れない気づきや貴重な情報を収集することにもなるのです。

　それから、つねにしっかりと地に足をつけていてください。これはつまり、一度や二度のミクロトンネル体験があったからといって日常生活を極端に変えたりしないという意味です。また、ミクロトンネルを通じて遭遇した存在が何かをするように命じてきたら、その相手とはもう関わらないようにしましょう。とくにあなた個人の意志や価値観に反することを押しつけてくる場合は要注意です。

最後に、身を守る必要性についてはすでに通信障害のところでも述べましたが、もう一度くり返します。ミクロトンネルを開く前に、必ずエネルギー的な防護策を講じておきましょう。この点に関するイスーの提言は、効率と効果において卓越していると言えます。

精神的な問題

コミュニケーションのミクロトンネルは、ほとんどの人にとってまったく安全です。しかし、まれにそれが禁忌であり、お勧めできないというケースも一部にあります。たとえば統合失調症、心因性精神障害、多重人格障害、双極性障害などのような精神神経疾患をわずらっている場合には、専門家の指導なしにミクロトンネルを開くことは望ましくありません。

私の個人的見解としては、博愛的な高次元存在とのあいだにコミュニケーションのミクロトンネルを開くことは精神的な治癒を促すと考えています。しかし精神的な問題をかかえている人は、経験豊かな専門家によく相談する必要があります。

そのような人がミクロトンネルの体験を望む場合には、正しい知識をもつ研鑽を積んだセラピストやカウンセラーに協力を求めるといいでしょう。そのような専門家たちはさまざまな名称で呼ばれていますが、協力を依頼するときには、実際にその人が信頼できる資格を持ち、こうした精神的な問題を超個人的な（いわばスピリチュアルな）視点から扱う経験にたけているかを確認してください。そしてまずこの本を読んでもらってから、どう進めるべきか、もしくはやめるべきかを話し合ってください。

スピリチュアルな解毒作用

アルクトゥルス人のような高い波動域の存在とコミュニケーションのミクロトンネルがつながると、自分のエネルギー体が高速にさらされることを知っておいたほうがいいでしょう。それは「進化の触媒」という観点からは素晴らしいことなのですが、ときに未解決の想念型や感情、あるいは不快な身体感覚をかき立て、意識の表面に浮上させることがあります。

ここで明確にしておきたいと思います。ほとんどの場合、ほとんどの人が、何のスピリチュアルな解毒作用もなく高次元存在と直接コンタクトしていますが、なかには解毒作用が起こる場合もあるのです。それは自己の進化という大きな文脈から眺めれば良いことであっても、自分に何が起こっているのかわからないと、問題ないことも問題だと思い込んでしまうかもしれません。

高次元存在と遭遇したあとに、もし不快な感情や想念や身体感覚などを体験したら、このテーマについて私がウェブサイトに書いた記事が役に立つかもしれません(http://tomkenyon.com のArticlesのセクションに"Psycho-spiritual Detoxification"という項目があります)。

終わりに

率直に言って、アルクトゥルス人との数年にわたるコンタクトは、私の人生のなかでもとりわけ心躍る体験でした。彼らの博愛的な意図はもちろん、清廉潔白さ、研ぎ澄まされた知性、超銀河における成熟した作戦、そして磨かれたユーモアのセンスに触れて、彼らに好意以上のものを感じずにはいられませんでした。

あなたがこれからコミュニケーションのミクロトンネルを実際に開くかどうかは、ある意味ではさして重要な問題ではありません。人々のなかには、私が「精神のアルゴナウタイ」と呼ぶような、意識の冒険者に生まれついている人もいれば、別の意識世界のことを読んだり聞いたりするほうが好きだという人もいるのです(訳注/アルゴナウタイとは、ギリシャ神話のアルゴー船の物語に登場する英雄たちの総称)。

ミクロトンネルについてどんな選択をしようとも、このアンソロジーに語られている情報は、あなたを触発し、高め、ひらめきをもたらし、外の世界だけでなく内なる存在世界をも開いて、人生をより豊かにしてくれるでしょう。そのような知覚の転換が本当にあなたに起きてくれれば、私たちの骨折りも報われることになります。

私たち人間は、人類史のきわめて重大な分岐点にさしかかっています。この先どうなるかは誰にもわかりません。かつてカール・セーガン氏が「絶滅がルールであり、生き残りは例外である」と指摘しましたが、私たちが種として生き残れるかどうかは定かではありません。はたして私たちは予言されたように、ハルマゲドンの狂気の烈火によって破滅させられてしまうのでしょうか？　そして慈悲や寛容などという人間の気高い性質も、いまや世界を席捲しつつある脳波コントロール・マシンによって眠らされてしまうのでしょうか？

それでも、私たち人間はいく度となく強い制約のもとで、ときに自分でも驚くようなことを起こします。おそらくこれからもっと多くの人々が、何世紀も思考を麻痺させられてきた夢の呪文から目を覚まし、それまで長い眠りについていたことに気づくでしょう。そしてあたかも明晰夢のように、自分が夢を見ていることに気づきながら、深い洞察力によってただその夢を変えることを選ぶのかもしれません。

付録CDについて

本書には、アルクトゥルスの音声コードで構成されたCDが付いています。このCDには四つのサウンド・メディテーションが収められています。トラック1は「ナクラ瞑想」、トラック2は「アルクトゥルスの再生チェンバー」のためのサウンドです。瞑想のためのガイダンスを以下に記しておきましょう。

さらにトラック3はトラック1の延長バージョンであり、トラック4はトラック2の延長バージョンです。延長された音声パターンによって、より深く変性意識状態を探求することができます。ただしトラック3と4は、トラック1と2によって生じる非凡な心身の状態に充分なじみ、心地よく感じられるようになってから行うようにしてください。

また、ふつうの音楽のようにこのCDを聴くこともできます。そのときはもちろんガイダンスに従う必要はありません。レコーディングされたパワーをフルに体験するにはヘッドフォンの使用が推奨されます。

【注意】

本CDは、車の運転中や機械の操作中など、注意力が必要な状況では決して聴かないでください。

これらのサウンド・メディテーションは、本書の内容と同様に、自己の向上・啓発・探求のみを目的とするものです。著者および出版社は医学的・心理学的な効果効能を表明するものではありません。

この音源あるいは情報を利用することによって視聴者または読者の人生に起こりうる、いかなる変化や影響も、全面的に利用者個人の責任であることをご理解のうえご使用ください。

▼トラック1　ナクラ瞑想（11分25秒）

この音声コードは、アルクトゥルスの瞑想のマスター、イスーが教える「ナクラ瞑想」のためのものです。この瞑想の目的は、「クラ（永遠への門）」をとおって複数の意識次元を探求することです。クラを通過するというのは、単にあなたの気づきの何らかの側面が、これから示す「門」の場所にある開きを通り抜けることです。瞑想は、異次元をたやすく穏やかに探求できる素晴らしいツールです。

この瞑想はくつろいだ姿勢で座って行うのがベストです。最初の一、二分間くらい、あなたが完璧に透明な無傷のダイヤモンドの中に座っているところを思い浮かべてください。この「ダイヤモンドの守護」は瞑想の終わりまでずっと保つようにしましょう。

イメージの中で「ダイヤモンドの守護」がはっきり確立されたら、意識をクラ（永遠への門）に合わせます。クラの位置を確認するために、合掌した手を頭の上にのせ、両手首が頭頂部につくようにしてください。合わせた手の指先のいちばん高いところがクラの位置です（位置を確認したら両手は下ろします）。この瞑想の音声コードを聴いているあいだ、クラに意識を合わせていましょう。意識がさまよいだしたらクラに連れもどします。ほかの心象や想念が流れ込んできても、どこかでクラを意識していてください。

そうしているとクラの開きが促されます。ここから、次元を超えた無数のポータルにアクセスし、異なる意識次元を探求することができるようになります。

「ナクラ瞑想」が終わったら、しばらく時間をとって自分自身と静かに過ごし、それから外に向かって活動を開始しましょう。

▼トラック2　アルクトゥルスの再生チェンバー（11分55秒）

この音声パターンは、本書で言及されている「アルクトゥルスの再生チェンバー」の中に生じる、光の波動の変化とよく似ています。おもな背景音は、トムの序文にある『ライトシップ』というCDからとったものです。再生チェンバーはアルクトゥルスの宇宙船内にあるため、つねに宇宙船の発する背景音が聞こえています。

このチェンバーを体験するためのガイダンスは次のとおりです。

①くつろいだ姿勢で座るか、もしくは横になったほうがいいかもしれません。目を閉じて、全神経で音を感じてみましょう。聴いていると音声パターンが身体の内側に共鳴してくるので、その波動をよく感じるようにしてください。

②時間と空間に余裕があれば身体を横たえ、足の下に枕などの支えをあてがって、足が頭より高くなるようにします。目を閉じて、音に全神経を向け、あなたの身体が波動パターンにどのように反応しているか感じてみましょう。

③もう一歩先に進みたい人は、②に加えて次のようにしてください。実際にあなたが「再生チェンバー」の中に入っているところをイメージします。チェンバーは大きな円筒形で、両端が丸くなっています。あなたにとって自然に、そして居心地よくいられるような大きさに思い描いてください。収録された音声パターンは、「再生チェンバー」の内部における光の波動の変化を音響的に再現したものです。その波動の変化には生命力を強化する性質がそなわっています。身体に共鳴している音声パターンの波動を感じてください。その波動の共鳴は、光をとりこむ生物的な反応だということを知っておきましょう。波動の共鳴に身をゆだねればゆだねるほど、セッションはパワフルなものになります。

瞑想のあとは、日常の活動に戻るまえに数分間、休んでください。急に動きはじめると頭痛がしたり、いらいらしたり、中心にいない感じがしたりします。ミクロトンネルによって実際に「再生チェンバー」に入ったときには、とくにそのような症状が顕著になります。

訳者あとがき

　アルクトゥルス（アークトゥルス）はうしかい座のもっとも明るい星つまりα星で、地球から約三十七光年も離れたところに位置しています。ただしそれは三次元宇宙での話で、五次元から九次元に存在するというアルクトゥルス人の故郷はもはや物質的な星のかたちは留めていないのかもしれません。

　アルクトゥルス人は高度な進化をとげた勇敢で才気あふれる超銀河文明の存在であり、はるか九千万年ほど前にこの宙域にやってきて以来、五次元の宇宙船で地球と天の川銀河を巡回しながら人類の進化を見守りつづけているといいます。彼らの使命はこの宙域の生命と知性と自由を守護することです。そのために、愛と調和と音の存在である集合意識ハトホルを隣接宇宙から呼び寄せたのも彼らだそうです。

　本書は、そんなアルクトゥルス人たち八名の言葉を集めたアンソロジー（選集）です。そこには、遠い過去に京都の鞍馬山に降り立った魔王尊としても知られる宇宙船司令官サナート・クマラをはじめ、聖書に登場するイエス（イェシュア・ベン・ヨセフ）やマグダラのマリアも含まれています。そのほか、アルクトゥルスの科学技官、アカシック図書館司書、元医師、瞑想マスター、戦士といった立場にある人が、彼らの任務や文明について、また地球史、人類のルーツ、今の地球に関する見解などをそれぞれ個性豊かに語ってくれます。なかには同じような内容が重複して話されることもありますが、語り手によって少しずつ立場や視点が異なるために、それらの像がまるでホログラムのように立体的にかさなりあい、重層的にしかもリアルに読む側に伝わってくるような気がします。こうしたアンソロジーという形式そのものが、もしかするとじつにアルクトゥルス的なアプローチと言えるのではないでしょうか。

そこで語られるアルクトゥルス文明の高度な光の技術による再生テクノロジーや、テレパシーでやりとりされる多次元的なホログラフィ言語といった話は、どれも夢のように魅力的ですが、それだけにとどまりません。高次元の視座から見た彼らのビジョンは、現代の地球上を生きる私たちにとってさまざまな意味でたいへん示唆深い、重要なメッセージに満ちています。なかでも地上であとを絶たない戦争や自然破壊を解決するための鍵と未来への展望には、とりわけ注目すべきものがあると思います。

しかし、アルクトゥルスはそれほど高度に進化した知性とテクノロジーを有する超銀河文明でありながら、彼ら自身がいま頭と心の矛盾に葛藤し、文明全体でそのジレンマを経験しているというのです。そしてさらに、地球においてもこの同じ問題、つまり理性と感情の乖離が大きく表面化していると彼らは指摘します。しかも地球人類はいまや「決定的に重要な変遷期」にあり、存続できるかどうかは、私たち一人ひとりがこの分離に橋を架けられるかどうかにかかっていると明言します。そのために彼らが提案するのはじつにシンプルな方法で、自分の心の奥を見つめて心と頭のバランスを取り戻し、自然とつながることを通して共感的知性を育むというものです。

彼らは地球人たちとのあいだに数多くのコミュニケーション回線を開き、私たち一人ひとりに目覚めをうながそうとしています。「充分な数の個人が世界の見方を変え、生き方を変えたとき、意識の革命が起こる」と彼らはいいます。その実現性は、私たちの主体的意志による選択、そして共感的知性から引き起こされる量子飛躍によって一気に高まるのでしょう。あなたや私がのぞむ未来を明確に意図することで、無数の可能な未来のなかから並行現実が生まれ、あとは共感的知性の翼にのってそこへ飛翔すればよいだけなのかもしれません。

本書は、マグダラのマリアから地球人類のために情報のとりつぎを依頼されたという、トム・ケニオン氏によってチャネルされ、妻であるジュディ・シオン氏の手で記録されて一冊の本になったものです。すでにハトホルのチャネリングでご存知の方も多いと思いますが、ケニオン氏はチャネルとしての信頼性に定評があるばかりでなく、深い人間性をたずさえた素晴らしいユーモア感覚の持ち主でもあります。また心理音響学研究のパイオニアでもあり、本書には、彼が受けとったアルクトゥルスの波動を音に再現したCDが付いています。ご興味のある方は、ぜひ瞑想を試されてみることをお勧めいたします。

本書の訳出にあたっては、ご多忙にもかかわらず私の数ある質問にいつも快く応じてくださったトム・ケニオン＆ジュディ・シオンご夫妻に心からの感謝の意を表します。またハトホルのご縁で本書の翻訳という貴重な機会をいただいた、ナチュラルスピリットの今井博揮社長に厚く御礼もうしあげます。そして私の拙い訳文を明快でわかりやすいものにしてくださった編集の秋田幸子氏に深く感謝いたします。

最後になりますが、本書を手にしてくださった読者の皆さまにも感謝の言葉をお贈りします。

二〇一六年九月

紫上はとる

著者

トム・ケニオン Tom Kenyon

サウンド・ヒーラー、チャネラー、心理療法家。カウンセラーとして活動ののち、1983年に心理音響学研究のためのアコースティック・ブレイン・リサーチを設立。音を通じた意識の変容と癒しに取り組むパイオニアとして、4オクターブ以上の音域をもつ自身の声や楽器などの多彩な音色を使って独自のサウンド・ヒーリングを確立。10年以上の脳の研究を通じ、どんな周波数にもみずからの脳を合わせることができるようになり、異次元の存在とも交信する。主な著書に『新・ハトホルの書』(ナチュラルスピリット)ほか、妻ジュディ・シオンとの共著に『マグダラの書』(ナチュラルスピリット)など。
ウェブサイト https://tomkenyon.com

ジュディ・シオン Judi Sion

マスコミ・広告関係、政治コンサルタント、写真家、司会者、編集者、コラムニストなど数多くの仕事を経験する一方で、長年にわたり独自に神秘的な探究の道を歩む。現在は夫トム・ケニオンとともにスピリチュアルなワークで世界各地を旅している。おもに女性性、UFOとスピリチュアリティ、北米先住民族などをテーマにワークショップや講演、執筆活動をつづける。著書に『マグダラの書』(トム・ケニオンとの共著)など。

訳者

紫上はとる Hatoru Murakami

神奈川県生まれ。翻訳家。幼少時から異次元や不思議なこと、古代エジプト美術などに惹かれる。多様な文化に触れるなかで精神世界への興味と造詣を深めるようになった。主な訳書に、『セスは語る』、『完全アセンション・マニュアル』上下巻、『フラワー・オブ・ライフ』第2巻、『ハトホルの書』、『新・ハトホルの書』、『オーラ・ヒーリングのちから』、『ラー文書「一なるものの法則」』第1巻、第2巻、『イニシエーション』、『ハートへの旅』(いずれもナチュラルスピリット)など。夫、動物たちと離島に暮らす。

著者ウェブサイトのご案内

著者のウェブサイトには、 個人と地球の変容、スピリチュアルな伝統における科学と芸術、変性意識、音声ヒーリングなどに関する多種多彩な情報が紹介されています。個人的な探究にはほとんどのコンテンツが無料で視聴いただけます。

http://tomkenyon.com

＊本書序文で触れているアルクトゥルスの宇宙船の音は、「The Store」のセクションから「Lightship」の CD を選択すると 2 分間のサンプルが試聴できます。

＊「Listening」のセクションでは、ほぼ 4 オクターブもの音域をもつトムの声による各種サウンドヒーリング・セッション、触媒となるような幅広い霊的伝統からのサウンド、ならびにトークや講演の一部を聴くことができます。

＊「Acoustic Brain Research」のセクションでは、トムの心理音響学における研究結果の一部や、脳波などの科学的関連資料を公開しています。音と音楽が脳の処理能力にどんな影響を及ぼすのかに関する研究は、脳／心のクリエイティブな側面にアクセスする今日の彼のサウンドワークの土台となっています。

＊「Articles」のセクションには、トムとジュディによる、科学、心理学、秘教的なテーマなど幅広い分野の論説が収載されています（一部に日本語もあります）。

これからの未来は、今までの未来と同じではありません。

トム・ケニオン　オリジナルサウンドCD

ライトシップ　LIGHTSHIP
アルクトゥルスの宇宙船から受けとった、パワフルな内なる意識変容ツール。¥2,800＋税

ソングズ オブ マグダレン　SONGS OF MAGDALEN
マグダラのマリアよりもたらされた光輝く唄と音。全10曲 ¥2,800＋税

ミステリウム　MYSTERIUM
ハトホルのワークショップから収録した貴重なライブ録音。全6曲 ¥2,800＋税

バ・ラ・シャムカ　BA RA SHEM KA
BA、RA、SHEM、KAのすべてを活性化させるチャンティング。¥2,800＋税

トランスミッション オブ ライト　TRANSMISSIONS OF LIGHT
光の世界からの放射が微細なエネルギー反応を刺激。全9曲 ¥2,800＋税

ホメジトゥソウル　HOMAGE TO SOUL
心と身体にやさしいアコースティックな楽器と声のみのサウンド。¥2,800＋税

ソレース　SOLACE
ハートの傷を深く精妙に癒すヒーリングサウンド。リラクゼーションにも。¥2,800＋税

エートス　AETHOS
10次元のハトホルから、非二元意識のサウンドメディテーション。全6曲 ¥2,800＋税

サウンド トランスフォーメイション　SOUND TRANSFORMATIONS
ハトホルのワークのために構成された一枚。瞑想にも最適。全9曲 ¥2,800＋税

エンジェルコード　ANGEL CODES（2枚組）
マグダラのマリアのリトリートに降りてきた大天使たちのサウンド。全7曲 ¥3,500＋税

そのほか

アルクトゥルス人より地球人へ

天の川銀河を守る高次元存在たちからのメッセージ

●

2016年11月24日　初版発行
2020年2月6日　第9刷発行

著者／トム・ケニオン＆ジュディ・シオン

訳者／紫上はとる

編集／秋田幸子

発行者／今井博揮

発行所／株式会社ナチュラルスピリット
〒101-0051 東京都千代田区神田神保町 3-2 高橋ビル2階
TEL 03-6450-5938 FAX 03-6450-5978
E-mail: info@naturalspirit.co.jp
ホームページ https://www.naturalspirit.co.jp

印刷所／シナノ印刷株式会社

ISBN978-4-86451-223-7 C0014